내게 이 책은 기초적이고, 사람을 겸손하게 만드는, 엄격한 책이다. 우선, 일에 대한 성경적 원칙을 제공하는 안내서라는 점에서 이 책은 기초적이다. 책의 서문에서 아킬 사차크가 언급한 것처럼, "일을 시작하던 초기에 이 책의 도움을 얻을 수 있었다면 얼마나 좋았을까!" 그리고 존 레녹스가 지난 50년간 실제로 두 가지 일(옥스포드 대학의 교수와 변증가로서)을 동시에 해냈다는 점을 생각하면 마음이 겸손해진다. 그가 얼마나 열심히 노력했을지 헤아릴 때마다 놀라움이 밀려드는데, 그는 자신이 말하고 있는 바를 이런 자기 경험을 통해 정확히 알고 있는 사람이다. 마지막으로, 이 책은 전임 기독교 사역에 만연하기 쉬운 게으름과 착취를 모두 경계하는 정말로 엄격한 책이다.

리코 타이스 | CEM(Christianity Explored Ministries) 창립자 및 저자

레녹스 박사가 수학자의 정확성을 가지고 제시하는 일련의 요소들을, 35년 전 회사를 시작할 때 알고 있었다면 얼마나 좋았을까! 이 책을 읽고 얻게 될 배당금으로 당신의 사업은 기하급수적으로 성장할 것이다. 이 책을 읽고 그 메시지를 마음에 새기라!

마크 러니어 | 러니어 로펌 및 러니어 재단 창립자

역사의 모든 페이지마다 사도 바울이나 마르틴 루터, 아브라함 카이퍼 같은 위대한 기독교 사상가들은 삶의 모든 영역, 특히 소명과 일터에서 그리스도가 주님이심을 단언했다. 그런 지혜의 보고에 더해, 존 레녹스는 소명, 일터, 부의 창조 및 관리에 대한 우리의 접근 방식을 형성하거나 재형성해 주는 본질적 원칙들을 정립한다. 이 책은 성경적 통찰과 삶의 경험 모두에서 나온 지혜로 가득 차 있다. 삶의 핵심적인 모든 영역에 그리스도의 주되심을 적용하고자 하는 사람이라면, 이 책을 통해 도움과 격려와 경쾌한 영감을 얻을 수 있을 것이다.

린지 브라운 | 전 국제복음주의학생회(IFES) 총무, 로잔운동 국제 디렉터

일과 소명

일러두기

인용된 성경은 대한성서공회에서 발행한 개역개정판이다.
다른 번역을 사용한 경우는 따로 표시했다.

A GOOD RETURN

Copyright © 2023 by John C. Lennox

Published by Christian Focus Publications
Geanies House, Fearn, Ross-shire,
IV20 1TW, UK.

Korean translation edition © 2025 by ABBA BOOK HOUSE,
Republic of Korea.

All rights reserved.

이 한국어판의 저작권은
Christian Focus Publications와 독점 계약한 아바서원에 있습니다.
신 저작권법에 의하여 한국 내에서 보호받는 저작물이므로
무단 전재와 무단 복제를 금합니다.

A Good Return

일과 소명

영원으로 이어지는 이 땅의 삶

존 레녹스 지음 | 정효진 옮김

아바서원

목차

서문 — 9

감사의 글 — 14

들어가는 글 — 15

1. 창조와 안식 — 35

2. 동기 — 63

3. 하나님 나라를 찾는 어부 — 107

4. 세속적인가 신성한가? — 149

5. 복음 후원자 — 167

6. 부의 관리자 — 193

7. 일에 대한 영원한 보상 — 245

부록 1. 복음 후원의 원칙 — 277

부록 2. 신경과학의 통찰 — 307

참고 도서 — 317

예순 번째 생일을
공동으로 맞이한
아킬과 조이 사차크에게
사랑과 감사를 담아

서문

나의 직장 생활이 거의 끝나 가는 지금의 시기가 아니라, 은행가로 일을 시작하던 초기에 이 책의 도움을 얻을 수 있었다면 얼마나 좋았을까 하는 아쉬움이 든다. 그랬다면 조금 다른 방식으로 일할 수 있지 않았을까? 하지만 안타깝게도 나는 존이 이 책에서 다루는 질문들에 대한 명확한 답을 얻지 못한 채, 직장 생활의 대부분을 살아왔다. 나는 여러 해 동안 그를 알고 지내는 특권을 누려 오면서, 하나님이 그의 방대한 지성과 성경에 대한 탄탄한 이해와 작가로서의 재능을 사용하시는 방식에 감탄을 금치 못했다. 그는 그렇게 성경 속에 있는 하나님의 가르침을 통해 우리 시대의 수많은 질문과 쟁점을 다루어 왔다.

이 책에서 존은 내가 오랫동안 씨름해 온 문제들을 매우 참신하고 고무적인 방식으로 다루고 있다. 이 세상은 일하는 시간이 하나님의 계획과 목적과는 무관하며, 일하지 않는 시간에 하는 것들이 하나님을 지향하는 삶을 규정한다고 믿도록 우리를 설득하고 있다. 우리가 깨어 있는 대부분의 시간을 몸과 마음으로 하는 일에 들이고 있는데도 말이다. 존은 일을 어떻게 바라보아야 하는지, 하나님이 전체적인 창조의 맥락 안에서 우리의 일을 어떻게 보시는지를 알려 주는 성경의 풍성한 가르침을 해석해 나간다. 그리고 그러한 관점에서, 우리가 매일 일과 관련해 맞닥뜨리면서도 답을 내리지 않거나 성경적이지 않은 답에 만족하며 넘어가 버리는 숱한 쟁점과 질문을 철저하고 체계적으로 다룬다.

일하고자 하는 욕구는 우리 삶의 많은 부분을 차지하고 있는데, 그것이 하나님이 우리를 만드신 방식의 기본적 측면임을 이해하는 것은 우리를 격려하는 놀랍도록 큰 힘이 된다. 나는 일이 우리가 하나님 형상으로 만들어졌다는 사실의 한 측면이고 창조가 그분의 일을 궁극적으로 보여 준다는 점을 성찰하면서, 내 일과 그 목적을 매우 다른 방식으로 생각하게 되었다. 이는 또한 새 창조가 다른 어떤 의미를 지니든 일이 중단되지는 않으리라는 의미이기도 하다. 타락 이전에 결코 일이 중단되지 않았던 것처럼 말이다. 이 역시 일에 대한 나의 관점을 바꾸어 놓았다.

일하는 그리스도인이라면 대부분 마찬가지겠지만, 내

가 혼란스러워했던 중요한 문제는 '일의 주된 목적이나 동기'와 '그에 따른 부차적 목적이나 결과'를 구분하지 못하는 데서 비롯되었다. 존은 특유의 철저한 태도로 이 문제를 분석하면서, 우리가 왜 일하는지, 삶을 향한 하나님의 계획과 특별히 복음의 선포라는 맥락 안에서 일을 어떻게 보아야 하는지를 명확히 정리하게 해 준다.

내가 최근 깨닫게 된 바는, 하나님을 섬기기 위해 이 일을 하도록 하나님이 나를 부르셨다는 것이다. 그런데 다른 많은 그리스도인처럼, 나는 내가 교회에서 섬기도록 부름받은 사람들에 비해 열등한 사역을 하도록 세속적 일터로 부름받았다고 여겨 왔다. 그러나 성경에는 이와 같은 생각을 뒷받침하는 그 어떤 근거도 없다는 사실을 발견하는 것은 엄청난 위력을 발휘한다. 우리는 수많은 성경 구절을 읽으며 곤경에 빠지곤 한다. 예를 들어, 어리석은 부자 비유나 젊은 부자 관원 이야기를 읽으면서 우리는 단순히 그것들이 다음과 같은 성경적 권고를 주는 말씀이라고 여긴다. '예수님을 진정으로 따르려면 모든 재산을 포기하라.' 혹은 그 반대 극단에 이런 메시지도 있다. '오직 은혜로만, 오직 믿음으로만 구원을 얻는다면, 돈을 어떻게 사용하든 영원한 의미가 없다.' 이런 식의 생각은 우리가 돈을 가지고 우리가 원하는 대로 해도 괜찮다는 결론에 이르게 된다.

존은 일해서 번 돈을 하나님의 영광을 위해 어디에 사용해야 하느냐와 같은 극히 중요한 문제도 다루고 있다. 이는 내가 오랫동안 마음에 품고 있던 중요한 주제였다. 나는 오늘날의 그리스도인들이 복음 후원자 역할에 대한 도전을 이해하고 응답할 수 있도록 그들을 설득하고 자극하고 도와야 한다는 책임감을 느끼고 있다. 하나님은 교회의 역사를 통해, 그분의 말씀을 선포하고 그분의 교회를 세우도록 부름받은 이들과 동역하며 자원을 제공하는 많은 그리스도인 후원자들을 사용해 오셨다. 당연한 말이지만, 어떤 일도 홀로 할 수는 없다. 그리고 이 사실은, 일을 하면서 사역 현장을 지원하도록 부름받은 이들을 바라보는 방식을 변화시킨다.

자신이 하는 일이 어떤 영원한 결과도 얻지 못하는, 이생에서 불가피하게 해야만 하는 것이라는 생각에 빠지기 너무나 쉬운 모든 이에게 이 책을 권한다. 그리고 자신의 일이 타락의 결과일 뿐 하나님이 우리에게 의도하신 삶의 일부는 아니라고 여기는 이들, 자신이 한 일의 결과는 하나님이 아닌 자신의 몫이라고 생각하는 이들, 자신의 일은 세상을 위한 하나님의 구원 계획의 일부가 될 수 없다고 생각하는 이들에게도 이 책을 권한다. 이 책은 이 모든 사람들이 일, 부, 하나님에 대해 생각하는 현재의 방식에 놀라운 도전을 던질 것이다.

아킬 사차크

로스차일드(Rothschild & Co) 파트너 및
글로벌 소비자 부문 대표,
킹덤 뱅크 공동 설립자

감사의 글

내 수업을 들었던 여러 세대의 학생들을 포함하여, 이 주제에 대한 생각을 발전시켜 오는 과정에 함께해 준 수많은 이들에게 감사를 전한다. 특별히 서문을 써 준 아킬 사차크와, 후한 추천사를 써 준 리코 타이스, 마크 러니어, 린지 브라운, 그리고 값진 논평을 해준 데이비드 크랜슨 교수와 사이먼 필러 교수에게 감사드린다.

들어가는 글

코로나바이러스 팬데믹은 일의 세계를 근본에서부터 뒤흔들어 놓았다. 특히 서비스와 레저, 여행 분야처럼 안정적인 일을 하고 있다고 믿었던 많은 이들이 순식간에 일자리를 잃고 생계를 유지할 수 없는 상황에 내몰렸다. 그리고 의료 및 돌봄 분야에 종사하는 많은 이들은 심각한 혹사를 감내해야만 했다. 이들은 절망적 상태로 병들고 죽어가는 환자들을 돌보는 일로 스트레스를 받으며, 정신 건강상 온갖 질병의 증상을 나타내고 있었다. 상당수 일이 재택 업무로 전환되고 많은 사람이 복귀가 보장되지 않는 긴 휴직 상태에 놓이면서, 일에 대한 정신적 태도가 변화되었다. 그리고 팬데믹으로 인해 또 하나의 문제가 전면으로 부상했다. 바로, 건강한 수준의 사회적 거리두기를 위해, 일터에서 함께 일하는 근로자들 사이의 거리에 변화를 주어야만 한다는 것이었다.

그뿐만 아니라, 러시아의 우크라이나 침공으로 특히

서유럽의 에너지 공급에 차질이 생기면서, 에너지와 연료 및 여타 물품들의 가격이 치솟았고, 그로 인해 수백만 명이 생계유지에 어려움을 겪는 상황에 처음으로 직면하게 되었다. 일과 수입의 안정성이 사라지면서 두려움과 불확실성이 수많은 가정을 잠식했다.

나아가, 기술의 쉼 없는 발전으로 로봇과 인공 지능이 한때 안정적이라 여겼던 일자리들(물류, 운송, 제조, 마케팅, 금융, 법, 의료를 포함한 수많은 일자리)을 장악했다. 그 결과, 실업(unemployment)뿐 아니라 고용 불가능 상태(unemployability)에 대한 논의가 앞으로는 점점 더 늘어나게 될 것이다. 자동화로 인해 가장 타격을 입게 될 분야는 부기, 비서 업무, 공장 노동처럼 기계적인 업무를 주로 하는 직종이다. 이렇듯 상당히 반복적이고 예측 가능한 일은 오늘날 효율적인 기계에 쉽게 프로그래밍되어 수행되고 있다. 이 기계는 24시간 업무가 가능하며 한 번 구매한 이후에는 보수를 지급할 필요가 없다.[1]

수 세기 전에 이미 이 문제를 인식하고 있었던 아리스

---

1 인공 지능에 대한 더 많은 정보는, 내가 쓴 책 *2084: Artificial Intelligence and the Future of Humanity* (Grand Rapids, Zondervan, 2020)를 보라. 『2084 : 인공지능과 인류의 미래』(한국장로교출판사).

토텔레스는 기원전 350년에 이렇게 썼다.

> 다이달로스의 조각상이나 시인들이 말하듯 "스스로 신들의 모임에 참여하는" 헤파이스토스의 삼각대처럼 모든 도구가 타인의 의지를 따르거나 예측하면서 스스로의 작업을 수행할 수 있다면, 그리고 사람의 손 없이도 북이 베를 짜고 픽이 리라를 연주한다면, 최고의 일꾼은 하인이나 노예가 필요하지 않을 것이다.[2]

2016년 영화 「일과 죽음의 미래」(*The Future of Work and Death*)에서 미래학자이자 기술철학자인 그레이 스콧(Gray Scott)은, 2025년까지 미국에서 3분의 1에 달하는 일자리가 로봇이나 자동화 시스템으로 대체될 것이라고 말했다. 이에 덧붙여 인류미래연구소(Future of Humanity Institute)의 스튜어트 암스트롱(Stuart Armstrong) 박사는, 안무가, 관리자, 사회복지사 같이 대인 관계 능력과 창의성을 가진 사람들이 강점을 가질 것이라고 말했다. 그의 연구는 2036년까지 미국에서 일자리의 47퍼센트가 다른 일로 대체되리라고 전망한다.

---

2 Aristotle, *Politics* (London, Penguin, 1992), 1:iv.

이런 사실을 볼 때, '일의 미래'라는 주제가 주류 학계로까지 진입하게 된 것은 놀라운 일이 아니다. 사회는 시민들의 고용을 보장하기 위해 분투하고 있으며, 특정 영역에서는 코로나 이전 상태로는 결코 돌아갈 수 없다는 것을 인식하고 있다. 예를 들어, 맥킨지 소비자 동향(McKinsey Consumer Pulse)의 조사에 나타난 전 세계적 패턴을 보면, 코로나 때문에 처음 디지털 채널을 사용하게 된 사람 중 4분의 3가량이 자신들은 코로나 이후 상황이 어느 정도 정상화되더라도 계속 그것을 사용할 것이라고 응답한다. 이는 디지털 기술에 대한 수요가 매우 높아졌다는 의미이며, 사람들이 그런 기술을 습득할 만한 교육적·기술적 기반 시설이 마련되지 않은 국가들로서는 매우 힘든 상황이다.

많은 사람이 쉽지 않은 시기를 맞이하고 있다. 각각의 세계관은 일에 대한 나름의 접근 방식이 있다. 따라서 기독교적 세계관을 가진 그리스도인들은 일에 대한 성경의 가르침을 잘 이해하는 것이 매우 중요하다. 무엇보다, 하나님이 인간으로 하여금 일을 하도록 정하셨다는 바로 그 이유 때문에 일은 존엄하다.

물론 일에 대한 성경적 관점을 다루는 책이 많다는 사실을 나는 누구보다 잘 알고 있다. 그런데 내가 이 문제에 관해 이야기를 나눌 때마다 내가 그것을 가지고 책을 써야 한다고 말하는 사람들이 있었다. 그때마다 내 마음에는 망설임이 있었는데, 한 가지 이유는 사람들이 일과 관련해 경험하는 바가 너무 다양하다는 것이었다. 나는 살아온 대부분의 시간 동안 대학 교수이자 수학 연구자로 일해 왔고 철학과 윤리학에 특별한 관심이 있었다. 그리고 성경을 가르치고 기독교 신앙을 공개적으로 변증하는 일에 힘쓰면서 가정생활도 열심히 해 왔다. 그러므로 긍정적으로 보자면 나는 강의하고 연구하는 동시에 조직과 목회 현장과 가정에 헌신하는 삶(물론, 이 중 어떤 것은 부득이하게 전문적일 수밖에 없지만)이 주는 압박을 어느 정도 이해한다고 말할 수 있을 것이다.

하지만 만약 농부나 변호사, 의사, 배관공, 건축업자, 회계사, 광부, 요리사, 선원, 주부, 싱글 양육자, 비행사, 투자은행가, 경찰, 공무원, 혹은 이외의 수천 가지 다른 직업 중 하나를 가졌거나 일을 하고 있지 않은 독자라면 내가 자신들이 직면하는 종류의 업무 압박에 대해 전혀 알지 못하리라 여길 것이고, 그것은 어느 정도 타당한 생각이다. 그렇긴 하지만, 나는 가정이든 공장이든 사무실이든 그리스도인들이 일터에서 맞닥뜨리는 실제적인 문제들에는 상당한 공통점이 있음을 경험을 통해 배웠다.

그래서 나는 내가 일하면서 발견했던 유익한 성경적 원리를 나눌 때 당신이 그것을 변형하여 당신의 고유한 상황에 적용하기를 바라는 마음으로 이 책을 쓴다.

또 다른 동기는, 수년간 내가 만나 온 많은 그리스도인이 자신이 속한 교회가 일터의 신실한 구성원으로서 그들이 하는 일에 대해 전혀 관심이 없음에 실망해왔기 때문이었다. 이 일터는 가정이든 가정 바깥이든 그들이 대부분의 시간을 보내는 현장이다. 게다가 어떤 헌신적인 신자들은 자신이 소위 '전임' 기독교 사역자에 뒤처지는 이류 그리스도인이라는 느낌을 받는다. 한편으로 어떤 그리스도인들은, 구원이 하나님의 은혜로 말미암은 것이며 우리의 공적이나 성취에 따른 것이 아니라는 사실로부터 우리가 하는 일에는 어떤 영원한 의미도 없다는 잘못된 관점을 도출하곤 한다.

전쟁이 진행 중이던 1942년 도로시 세이어즈(Dorothy L. Sayers)가 "왜 일하는가?"라는 제목으로 행한 강연은 지금도 되새겨 볼 가치가 있으며, 우리의 첫 번째 쟁점이 그 강연에서 강력하게 다루어지고 있다.

> 교회가 현실을 놓쳐 버린 것은, 다름 아닌 세속의 일을 이해하고 존중하는 데 실패했기 때문입니다. 교회는 일

과 종교가 각각 다른 부문으로 분리되도록 허용했습니다. 그리고 그 결과 세속적인 일의 세계가 전적으로 이기적이고 파괴적인 목적을 향해 나아가고 있으며 상당수의 지각 있는 노동자들이 반종교적이거나, 적어도 종교에 무관심하게 되어 버렸음을 발견하며 깜짝 놀라고 있지요.

하지만 이것은 그리 놀랄 일이 아닙니다. 어떻게 삶의 9할에 관심 갖지 않는 종교에 관심을 가질 수 있겠습니까? 지각 있는 목수를 대하는 교회의 접근 방식은, 보통 여가 시간에 술에 취해 방종한 상태가 되지 말고 일요일마다 교회에 출석하라는 권고 정도에 그칩니다. 하지만 교회가 그에게 해주어야 할 말은 이런 것입니다. '당신의 신앙이 당신에게 요구하는 바는, 좋은 탁자를 만들어야 한다는 것입니다.'[3]

나는 일에 대한 부정적 태도를 경험해 온 사람들을 격려하고 싶다. 일이 정말로 영원한 의미를 지니고 있기 때문에 하나님 그분이 우리의 일에 큰 관심을 가지신다는 사실을 보여 주고 싶다. 성경에는 일이라는 주제와 관련

---

3 https://malyonworkplace.org.au/wp-content/uploads/2013/12/Why-Work-Dorothy-Sayers-Essay.pdf

해 심지어 그리스도인들 사이에도 만연해 있는 숱한 오해들을 교정할 수 있는 원리들이 담겨 있다.

나는 우리 모두가 일의 현장에서 울려 퍼지는 다음과 같은 반응을 즉각적으로 이해하리라 생각한다.

> 우리 그리스도인들은 하나님이 모든 곳에 계시고 모든 것의 주님이시라고 말한다. 하지만 대다수의 사람에게 솔직한 현실은, 자신들이 하는 일과 시장 안에는 하나님과 그분의 목적이 전혀 존재하지 않는다는 것이다. 우리는 씩씩하게 일터로 행진했다가, 기진맥진한 상태로 집에 돌아온다. 일이 위치하는 자리는 어디이며 그것의 목적은 무엇인가? 세속적인 일에는 신성한 어떤 것이 있는가? 시장에는 의미가 있는가? 우리의 위대한 운명은 그저 먹고, 마시고, 빈 그릇을 남겨 두고 떠나는 것인가?

이것은 싱가포르에서 살고 일하는 한 그리스도인의 솔직하고 진심 어린 글이다. 그리고 전 세계의 많은 그리스도인에게서 이와 동일한 목소리를 들을 수 있을 것이다. 우리는 모두 이 말을 이해할 수 있다. "한번 생각해 보라. 당신이 20세에 일을 시작해 65세에 은퇴하기까지 한 해 48주 동안 주 40시간을 일한다고 가정하면, 총 9만 시간을 일한 셈이 된다. 이것은 10년의 삶에 해당하는 시간이다." 하나님은 이 모든 것과 어떤 관계가 있을까? 우리는 그저 살기 위해서는 일해야 한다는 사실을 받아들이고 그럭저럭 지내면 되는 것일까?

오래전 냉전 시기에, 베를린 장벽 동쪽 편에서 청년들과 이야기를 나눈 적이 있다. 그때 한 남성이 동독과 서독으로 모두 여행을 다닐 수 있는 여권을 가진 내게 부러움을 표시했다. 그러다 대화가 기독교 신앙에 관한 이야기로 흘러갔고, 그는 그다지 흥미를 느끼지 못한다고 말했다. 그는 공산주의가 삶의 모든 것을 포괄하는 이념이라는 측면에서 기독교보다 훨씬 우월하다고 했다. 공산주의에는 역사, 정치, 문학, 예술, 교육, 노동의 철학이 있다. 그에 반해, 그가 보기에 기독교가 한 인간의 삶에서 차지하는 공간과 시간은 극히 제한적이다. 그러니까 일요일의 대략 한두 시간 정도, 매우 헌신적인 신자의 경우라면 주중에 한 시간을 더 차지할 수 있을 것이다. 그는 말했다. "당신의 기독교는 이념이라고 하기에도 매우 부족합니다. 아무런 인상도 주지 못하고 무가치하지요. 그렇게 헌신을 요구하지 않는데, 도대체 누가 진지하게 받아들이겠습니까?"

이후로 나는 결코 그를 잊을 수 없었다. 그때 나는 실제 삶의 실천에 있어서 어떤 사람들은 기독교 신앙을 고백하면서도, 하나님에 대한 그들의 신앙이 제한된 영역에만 적용되고, 정해진 시간에만 의미가 있으며, 거의 아무런 요구도 하지 않고, 일상의 전반에 대해 말해주는 것이 거의 없다는 인상을 준다는 사실을 깨달았다. 그 동독 청년의 말은 나에게 도전을 던졌고, 지금도 여전히 나를 포함한 모든 그리스도인을 향한 도전으로 남아 있다. 기독교 신앙은 공산주의를 훨씬 능가하는 방식으로 삶의 모든 측면을 인도하는 지침이 된다는 사실 앞에, 우리는 정신을 가다듬고 일어서야 한다. 특히 이 신앙은 일의 영역이라는 삶의 광범위한 부분에 대해 많은 가르침을 준다.

앞서 언급한 강연에서 도로시 세이어즈는 자신이 이전에 한 말을 언급했다.

> 그때 내가 강조한 것은 일을 대하는 전반적 태도에 철저한 변혁이 일어나야 한다는 것이었습니다. 나는 일을 돈벌이를 위해 어쩔 수 없이 해야 하는 고된 노동이 아니라 삶의 방식으로 볼 것을 촉구했습니다. 인간의 본성이 마땅히 발휘되고 기쁨을 누릴 수 있고, 그럼으로써 하나님의 영광을 위해 자기를 실현하는 삶의 방식 말입니다.

그의 말은 성경적 관점과 철저히 일치한다. 성경은 이렇게 기록한다. "여호와 하나님이 그 사람을 이끌어 에덴동산에 두어 그것을 경작하며 지키게 하시고"(창 2:15). 여기서 '경작하다'에 해당하는 히브리어 단어는 '아보다'(*avodah*)이며(ESV 성경은 'work'라는 동사로 번역한다.—옮긴이), 모세가 다음 출애굽기 구절에서 사용한 '섬기다'의 히브리어 표현과 동일한 단어다. "여호와께서 모세에게 이르시되, 너는 바로에게 가서 그에게 이르기를 여호와의 말씀에 내 백성을 보내라 그들이 나를 섬길 것이니라"(출 8:1). 즉 히브리인들의 사고에서 일반적인 일의 개념과 하나님을 섬기는 것은 매우 밀접하게 연관되어 있어서, 이 두 구절에 같은 단어가 사용된 것이다. 이런 생각은 신약에서도 찾아볼 수 있다. 바울은 이렇게 쓴다. "무슨 **일**을 하든지 마음을 다하여 주께 하듯 하고 사람에게 하듯 하지 말라. 이는 기업의 상을 주께 받을 줄 아나니 너희는 주 그리스도를 **섬기느니라**"(골 3:23-24). 여기서 **섬김**이라는 단어는 **노예** 혹은 **종**을 뜻하는 헬라어 '둘로스'(*doulos*)와 관계가 있다. 우리는 하나님과 일 사이의 이 같은 연결성을 상세히 살펴보게 될 것이다.

이 책을 읽는다고 해서 더 나은 직업적 전망을 얻을 수 있는 것은 아니라는 사실은 굳이 언급할 필요는 없을 것이다. 또한 당신이 가진 모든 문제에 대한 해답을 얻는 일도 일어나지 않을 것이다. 다른 많은 이들처럼, 나 역시 어렸을 때는 서른이 되면 인생의 질문들을 해결하고 그때부터 진짜 삶을 살아가게 될 거라고 상상하곤 했다. 내가 이 생각을 나보다 나이 많고 지혜로운 분에게 이야기했을 때 그는 내 생각이 잘못되었다고 말해 주었다. 인생이 던지는 질문과 씨름하고 해결해가는 과정 자체가 곧 삶이라는 것이다. 이후로 줄곧 나는 그것이 큰 깨달음과 자유를 주는 관점이라는 사실을 발견해 오고 있다. 성경은 우리가 마주치는 온갖 문제들에 대한 해답으로 가득 찬 매뉴얼이 아니다. 오히려 성경은 우리의 성품을 다듬고, 성숙해지며, 삶의 도전을 더 잘 감당할 수 있도록 돕는 삶의 원리들을 제시해준다. 그래서 나는 삶에 대한 더 크고 통합된 그림과 일을 조화시키는 기독교적 관점과 원리들을 그려 내기 위해, 일의 목적과 의미에 대한 성경적 가르침을 살펴볼 것이다. 그리고 복음 후원의 성경적 원리를 설명하는 부록도 덧붙였다.

우리는 일에 대한 기독교적 사고를 개발하는 것이 그리스도인의 성품을 기르는 것과 긴밀하게 연결되어 있고, 그 자체로 직업을 찾고 업무를 실행하는 과정에 유익이 된다는 사실을 알게 될 것이다.

이 책을 반드시 순서대로만 읽을 필요는 없으며, 특별히 관심 있는 부분을 먼저 읽고 다른 부분을 추가로 읽어도 무방하다.

생각해 보기 _____

1. 팬데믹과 에너지 위기는 일에 대한 당신의 태도에 어떤 영향을 미쳤는가?

2. 당신은 기술의 발전으로 일과 관련한 위기를 느끼는가, 아니면 새로운 기술이 새로운 종류의 일을 제공해 줄 것이라 생각하는가? 당신은 기술 혁명이 일어남에 따라 직업을 바꿀 의향이 있는가?

3. 당신의 교회는 당신이 주중에 하는 일에 관심이 있는가? 만약 관심이 없다면 왜 그렇다고 생각하는가? 상황을 변화시키기 위해 당신은 무엇을 하겠는가?

4. 당신은 "씩씩하게 일터로 행진했다가, 기진맥진한 상태로 집에 돌아"오는가? 만약 그렇다면, 어떻게 이 상황을 변화시킬 수 있겠는가?

5. 다음과 같은 도로시 세이어즈의 말에 대한 당신의 생각을 정리해 보라. "나는 일을 돈벌이를 위해 어쩔 수 없이

해야 하는 고된 노동이 아니라 삶의 방식으로 볼 것을 촉구했습니다. 인간의 본성이 마땅히 발휘되고 기쁨을 누릴 수 있고, 그럼으로써 하나님의 영광을 위해 자기를 실현하는 삶의 방식 말입니다."

이 책의 개요

1장. 창조와 안식

성경 내러티브에서 일을 가장 처음 언급하는 곳은 하나님이 처음 하늘과 땅을 창조하시는 부분이다. 하루를 기준으로 순서대로 창조하고 마지막에 쉼을 갖는 이 과정은, 인간의 한 주의 노동에 대한 모델이 된다. 이 장에서 우리는 일과 쉼의 리듬에 대해, 특히 현대 세계에서 안식일의 의미와 중요성에 대해 논의한다. 그리고 그리스도인의 삶에서 안식일의 위치, 그리고 개인의 공로가 아닌 그리스도를 믿는 믿음으로 구원받는다는 신학적 교리의 중요성에 대해 생각해 본다.

2장. 일과 삶의 동기

이 장에서는 산상수훈에서 일과 삶의 동기에 대해 가르치셨던 예수님의 말씀을 살펴본다. 논의를 시작하는 핵심 질문은 세 가지다. '어디에 투자할 것인가?' '세상을 어떻게 볼 것인가?' '어떤 주인을 섬길 것인가?' 첫 번째와 세 번째 질문은 돈에 관한 것이고, 두 번째는 인식에 관한 것이다. 우리는 이 질문들과 관련해, 인간 뇌의 구조와 기능에 관한 흥미로운 최신 연구들을 참조할 것이다.

이 질문들에 어떻게 답하느냐가 전반적인 삶, 특히 일과 관련한 불안의 수준에 영향을 미친다. 예수님은 매우 급진적인 명령을 내리신다. 매일의 필요를 채우는 것과 관련해 하나님 나라와 그분의 의를 먼저 구할 때, 필요가 채워지는 것을 보게 되리라고 가르치신다. 우리는 여러 사례를 가지고 일의 목적과 그 부산물 혹은 결과를 구분하는 작업을 통해 이 가르침의 의미를 탐구해 볼 것이다.

3장. 일터에서 하나님 나라 추구하기

이 장에서는 먼저 누가복음 5장에서 베드로가 기적처럼 엄청난 물고기를 잡는 이야기를 가지고 일상적인 일을 통해 하나님 나라를 구한다는 것의 의미를 탐구한다. 그리고 나서 일터에서의 도덕, 돈, 권력, 성의 문제에 대해 성경이 말하는 바를 살펴본다. 특별히 요셉과 느헤미야의 사례는 일이 인간에게 가할 수 있는 압박을 이해할 수 있는 시각을 제공한다.

4장. 세속적인가 신성한가?

앞 장에서 어부였던 베드로가 사람을 낚는 어부로 변화되는 이야기를 통해, 이제 보편적으로 퍼져 있는 한 가지 개념을 살펴보게 된다. 바로 그리스도인들 사이에 두 개의 계급이 존재한다는 이 생각이다. 즉, 세속 직업을 통해 생계를 유지하는 사람들과 교회에서 전임으로 일하는 사람들이 있으며, 후자가 전자보다 우월하다는 인식이다. 우리는 이런 생각을 전체적으로 분석함으로써, 이것이 소명으로서의 일이라는 성경적 개념과 반대되는 무척 잘못되고 쓸모없는 생각임을 밝힐 것이다.

5장. 복음 후원자

복음이 세상으로 전파되어 나가는 과정은 처음부터 신자들의 관대한 나눔에 상당 부분 의존하고 있었다. 예수님과 제자들은 일단의 여성 신자들의 지원을 받으며 순회 사역을 했고, 바울은 유럽 선교를 위해 루디아라는 사업가의 도움을 받았다. 그리고 이후 수 세기에 걸쳐 부유하든 가난하든 많은 그리스도인이 은혜로운 나눔의 실천으로 복음 후원(gospel patronage)의 일을 해 왔다. 이 장에서는 이와 관련된 사례들을 소개하고 관련된 원리들을 확인할 것이다.

하지만 금전상의 부보다 훨씬 중요한 부가 있다(예를 들어 바울이 지녔던 지적이고 영적인 부를 생각해 보라). 그래서 우리는 복음 전파를 가속화하기 위해 다양한 부를 결집했던 방식에 대해서도 살펴볼 것이다.

6장. 부의 관리자

비록 부의 종류가 다양하지만, 성경은 신자들이 물질적인 부를 다루는 방식에 상당 부분을 할애한다. 예수님도 다양한 인상적인 비유를 통해 그에 대해 가르치셨다. 따라서 우리는 어리석은 부자 비유, 탕자의 비유, 불의한 청지기 비유, 부자와 나사로 이야기 등이 전달하는 원리를 검토할 것이다. 그리고 세리였던 삭개오와 예수님의 만남을 들여다보며 이 장을 마무리한다.

7장. 영원한 보상

예수님은 우리가 이생에서 하는 일과 내세에서의 경험이 연결되어 있다고 지속적으로 강조하셨다. 물론 일을 통해 쌓는 공적으로 천국에 들어가는 것은 아니지만, 예수님과 그분의 사도들은 일에 대한 다양한 보상이 있다고 가르치셨다. 그리고 그것은 단순히 우리가 주님을 위해 한 일에 대한 보상뿐 아니라 그 과정에서 개발된 성품과 관련된 것이기도 하다. 이 장에서는 소위 그리스도의 심판대라 불리는 곳에서 어떤 원리가 적용되고, 그것이 이 땅에서의 삶을 살아가는 방식에 어떤 함의를 지니는지를 살펴본다.

부록 1. 복음 후원의 원칙

복음을 후원하는 성경적 원칙들을, 주는 사람과 받는 사람 모두의 입장에서 더 자세하게 검토한다.

부록 2. 신경과학의 통찰

2장에서 인간 뇌의 두 반구가 수행하는 기능과 관련해 간략히 소개한 이언 맥길크리스트(Iain McGilchrist)의 이론을 상세히 다룬다.

1.
창조와 안식

일은 하나님의 계획이었다. 창세기는 모든 것이 어떻게 시작되었는지를 우리에게 알려 준다. 이 책이 우리에게 가장 먼저 가르쳐 주는 바는 성경의 전체 내러티브에 근본이 되는 내용으로, 하나님이 일하는 분으로서 이 세상을 창조하고 질서를 부여하셨다는 것이다. 그리고 그분이 일하시는 방식은, 6일 동안 활동하고 하루는 휴식을 취한다는 보편적으로 익숙한 한 주의 노동 패턴이 되었다.[4]

성경에 따르면, 6일째 되는 날 하나님이 그분의 형상으로 인간을 남자와 여자로 만드심으로써 하나님의 창조적 활동이 정점에 달했다. 이 사실이 지니는 중요성은 아

---

4 창세기 1장을 이해하는 방식에 관한 더 자세한 논의는, 나의 책 *Seven Days that Divide the World*, 10th Anniversary Edition (Grand Rapids, Zondervan, 2021)을 보라. 『최초의 7일』(새물결플러스).

무리 강조해도 지나치지 않다. 캐나다의 지식인이자 심리학자인 조던 피터슨(Jordan Peterson)은 인간이 그분의 형상으로 창조되었다는 창세기의 이 선언이 서구의 문명과 가치의 토대가 된다고 말한다. 그리고 그것을 바탕으로 다음과 같은 생각을 끌어낸다. "모든 개인은 저마다 초월적인 가치를 지니고 있다.…분명히 말하건데, 그와 같은 생각을 무시한다면 엄청난 위험을 각오해야 할 것이다."[5]

시편 19:1은 말한다. "하늘이 하나님의 영광을 선포하고." 망원경으로 오리온 대성운과 안드로메다 성운을 볼 때마다 그 웅장함에 대한 경외감이 내 마음을 가득 채운다. 하지만 그토록 영광스러운 하늘도 하나님의 형상으로 만들어진 것은 아니다. 하지만 인간은 그렇게 만들어졌으며, 바로 그것이 우리에게 헤아릴 수 없는 존엄과 가치를 부여한다.

하나님이 하신 일은 세상을 창조하고 그에 질서를 부여하는 것이었다. 그리고 그분의 형상으로 만들어진 우리 역시 좀 더 제한된 의미에서이긴 하지만 창조를 수행할 특권을 지닌다. 이것은 공장 근로자, 농부, 교사, 예술

---

5 창세기에 관한 두 번째 강의에서.

가, 음악가, 청소부, 주부 등, 직업이 무엇이든 모든 사람에게 해당하는 진실이다. 우리는 무언가를 만들고 조직하면서 일종의 성취감을 느낀다.

하나님은 최초의 인간들을 에덴동산에 두시고 그곳을 보살피고 지키라고 명하셨다. 그래서 인간이 최초로 한 일은 동산을 가꾸는 것이었다. 여기서 언뜻 보게 되는 명백한 사실은, 이들이 보수를 받지 않고 일을 했다는 것이다. 그러므로 우리는 유급 노동만 중요하게 여기는 편견에 빠져서는 안 된다. 사실 오늘날 우리가 하는 많은 일이 무급 노동이기 때문이다. 개인적으로든 가정이나 교회 등과 같은 곳에 소속되어 일하든, 가족이나 친족을 돌보거나 여러 종류의 자원봉사를 수행하는 이들이 없다면 이 사회는 붕괴하고 말 것이다.

우리는 최초의 인간들을 둘러싼 환경이 다양한 종류의 일을 만들어 낼 가능성을 지니고 있었다는 사실 역시 알 수 있다. 동산을 가꾸면서 수확하는 과일과 농작물 외에도 동산에 물을 공급하는 네 개의 강이 있었다. 그리고 창세기 2장은 그 강들을 따라가면 아주 흥미로운 것들을 발견하게 된다고 설명한다. 예를 들어, 그곳에는 광물 자원, 특히 순금이 묻힌 지역이 있었다. 이는 인간의 호기심과 세상에 대해 알고자 하는 욕구가 탄생시킨 광범위한 일의 분야들(탐험, 채굴, 광물 가공, 각종 연구 개발)을 떠올리게 한다. 인간은 호기심을 가진 존재이며, 이 호기심이 수백만의 사람들을 위한 고용 창출의 연료가 된다. 나 역시 이론 수학 연구로 보수를 받고 있으니 말이다! 여기에는 타당한 이유가 있는데, 많은 학문 분야들이 수학에 의존하기 때문이다.

창세기를 보면, 동산을 경작하는 물리적인 농사일뿐 아니라 동물들에게 이름을 지어 주는 추상적인 지적 활동의 과제 또한 아담에게 주어졌음을 알 수 있다. 사물에 이름을 붙이거나 좀 더 정교한 분류학적 명칭을 부여하는 것은 하나의 중요한 학문 분야다. 오래된 경구의 표현대로, "이름을 붙이는 것은 길들이는 행위다." 배관 작업에서 항공기 제조에 이르기까지, 혹은 뜨개질에서 핵물리학에 이르기까지 어떤 활동이든 그것을 하기 위해서는 그 분야에 적절한 어휘를 배워야 한다. 나는 수학과 관련된 어휘는 잘 알지 몰라도, 자동차 정비나 뜨개질과 관련해 알고 있는 어휘는 고작 한두 개뿐이다.

인구가 급속도로 늘어나면서 사람들은 서로가 가진 기술에 의존하게 되고, 서로 거래하는 법을 배우면서 온갖 종류의 새로운 활동이 생겨났다. 이것이 문명화된 사회들 간의 경제적 상호의존을 뒷받침하는 원리다.

창세기는 하나님이 그분의 창조 세계를 돌보는 청지기가 되는 영예와 위엄을 인간에게 주셨다고 가르친다. 인간은 창조 세계를 착취하고 아무 생각 없이 생태계의 미세한 균형을 깨뜨릴 수 있는 권한을 받은 것이 아니다. 인간은 창조주의 대리인으로서 이 창조 세계를 책임 있게 유지하고 돌보아야 한다. 이 지속적인 과업은 지구 온난화와 기후 위기가 지구에 막대한 재난을 일으키고 있는 오늘날 더욱 중요하다. 하나님은 결코 우리가 이 지구를 대하는 방식에 무관심한 분이 아니다. 통치권을 장악하시는 하나님을 향해 스물네 명의 장로들이 보인 반응을 묘사하고 있는 요한계시록을 살펴보자.

> 일곱째 천사가 나팔을 불매 하늘에 큰 음성들이 나서 이르되 세상 나라가 우리 주와 그의 그리스도의 나라가 되어 그가 세세토록 왕 노릇 하시리로다 하니 하나님 앞에서 자기 보좌에 앉아 있던 이십사 장로가 엎드려 얼굴을 땅에 대고 하나님께 경배하여 이르되
>
> 감사하옵나니, 옛적에도 계셨고 지금도 계신
> 주 하나님 곧 전능하신 이여
> 친히 큰 권능을 잡으시고

왕 노릇 하시도다.
이방들이 분노하매
주의 진노가 내려
죽은 자를 심판하시며
종 선지자들과 성도들과 또 작은 자든지 큰 자든지
주의 이름을 경외하는 자들에게 상 주시며
또 땅을 망하게 하는 자들을
멸망시키실 때로소이다 하더라. (계 11:15-18)

마지막 구절에서 우리는 땅을 황폐화하는 사람들을 하나님이 어떻게 보시는지를 알 수 있다.

창조 당시 에덴의 상황은 꽤 이상적으로 느껴진다. 때로 그곳은 **낙원**(paradise)이라고도 불리는데, 이 영어 단어는 **담으로 둘러싸인 공원**을 뜻하는 고대 페르시아어가 그리스어, 라틴어, 프랑스어를 거쳐 우리에게 전해진 것이다.

하지만 오늘날 상당수의 일은 이상적인 것과는 너무도 거리가 멀다. 어떤 일은 반복적이고 고된 노역이고, 어떤 일은 생명에 위협이 될 정도로 위험하다. 또 터무니없이 낮은 임금, 아동 노동, 심지어 노예 노동까지 동반하는 끔찍하도록 착취적인 일도 있다. 이 모든 것이 인류에게 결함을 남긴다. 너무도 많은 노동 환경에 심각한 도덕적 악이 스며들어 있다.

창세기는 이런 상황이, 하나님 말씀에 대한 인간의 불순종을 통해 도덕적 악인 죄가 세상에 들어와 에덴이라는 낙원이 파괴된 끔찍한 재앙의 결과라고 말한다. 종종 타락이라고 불리는 이 사건은 우리 모두에게 자명하게 영향을 끼쳤다. 특히 그것은 일을 고된 노역으로 바꾸고, 세상의 모든 측면에 문자 그대로든 비유적으로든 가시덤불과 엉겅퀴가 자라도록 했다. 그리고 인간은 물리적 죽음을 맞아야 했다.

결과적으로, 어떤 종류의 일이든 인간을 좌절시키고 압박하고, 불만족스럽고, 지루하고, 기대에 어긋나고, 곤란한 인간관계와 도덕적 문제들이 따라다니게 되었다. 문제를 나열하자면 끝이 없다. 우리는 상처 입은 세상을 살아가는 상처 입은 노동자들이다. 사실 신약 시대의 많은 신자가 로마인 가정에서 노예로 살았고, 그러한 지위에서 오는 모든 부당한 처우와 고통을 감내해야 했다. 그리고 그 외 많은 이들이 무자비한 세금 제도로 고통받고 착취당하고 있었고, 우리가 보듯 바울 역시 그 점을 잘 알고 있었다.

그렇다고 해서 일이 기쁨이나 만족감, 성취감을 완전

히 차단한다는 뜻은 아니다. 물론, 우리가 심지어 하나님을 믿는 신자라고 해도 반드시 일에 대한 만족감을 얻으리라는 보장은 없다. 그러나 심지어 타락 이후에도 일은 여전히 중요하다. 일부 사람들의 잘못된 신념과는 반대로, 그 자체가 타락의 결과가 아니라는 바로 그 이유 때문이다. 일은 하나님의 창조 질서를 이루는 필수적인 부분이며, 그것이 인간이 된다는 것의 의미를 형성한다. 그래서 바울은 우리를 이렇게 격려한다. "무슨 일을 하든지 마음을 다하여 주께 하듯 하고 사람에게 하듯 하지 말라"(골 3:23).

이제 속도를 높여 다음 단락으로 넘어갈 차례가 되었다. 하나님이 창조의 리듬 안에 하나의 제도를 더 만들어 두셨기 때문이다.

안식일: 일과 쉼의 리듬

창세기는 하나님을 일하는 분으로 묘사한다. 그분은 여섯 기간에 걸쳐 창조 활동을 하시고, 일곱 번째 날에는

쉬셨다.[6]

이 창조의 패턴을 따라 인간의 일하고 쉬는 리듬이 확립되었고, 따라서 일에 대해 어떤 종류의 고찰을 하든 규칙적인 쉼을 필수로 여겨야 한다.

인간은 본성상 육체적·심리적 쉼이 필요하고, 24시간마다 잠을 자는 형태로 쉬게 된다. 미국심리학회가 실시한 「일의 신학 프로젝트」(Theology of Work Project)의 조사에 따르면, 3분의 1이 넘는 근로자들이 만성적인 업무 스트레스에 시달린다고 한다. 이는 불안과 불면증, 근육통, 혈압 상승, 면역력 약화를 불러올 뿐 아니라 심장병과 당뇨병, 우울증의 가능성도 증가시킨다. 더욱이 피로는 대인 관계를 관리하는 능력까지 고갈시킨다. 연구에 따르면, 피로한 사람은 다른 사람이 보내는 사회적 신호를 잘못 읽기가 쉽다고 한다. 그리고 쉽게 다른 사람에게 부정적 동기를 투사하고는 그것에 대해 비난을 쏟아붓는 경향이 있다. 과민함과 성급함은 쉼과 회복이 긴급하게 필요함을 나타내는 전형적 증상이다. 마지막으로, 쉬지 않는 것은 영적인 영향도 초래한다. 하나님은 일과 쉼을 모두 창조하신 분이기에, 두 영역에 주의를 기울이지 않는

---

6 창세기가 보여 주는 날의 순서에 관심이 있다면, 『최초의 7일』(새물결플러스)을 보라.

다면 그분과 멀어질 수밖에 없다.

우리는 분명 잠이 필요하다. 하지만 우리에게 필요한 것은 단순한 잠 그 이상이다. 성경은 우리가 7일 중 하루를 온전히 쉬어야 한다고 강조하며, 이러한 규정은 출애굽기 20:8-11에서 하나님과 이스라엘이 맺은 언약의 한 부분인 안식일 법이 되었다. 그리고 많은 사람이 휴식 시간이 창조적인 시간이 될 수 있음을 입증해 주고 있다. 유명한 과학자들은 가장 좋은 아이디어는 공식적인 업무 시간이 아니라 산책하거나 길을 건널 때, 심지어 불 곁에서 졸고 있을 때 떠오른다고 말한다.

우리는 특별히 우상숭배의 측면에서 안식일의 중요성을 생각해 볼 필요가 있다.

일이 우상이 되는 위험

어떤 종류의 일이든 우리 삶을 장악하고 마음을 빼앗아 하나님보다 우선권을 가지는 우상이 될 수 있다. 그것은 사람을 취하게 만드는 술과도 같다. 그래서 우리는 일에 사로잡혀 버린 사람을 가리켜, 소진과 신경쇠약의 위험을 무릅쓰는 일 중독자라고 부른다. 이런 일 중독은 누구에게나(그리스도인이든 아니든) 일어날 수 있으며, 그 첫 번째 신호는 탈진이다. 그리고 또 다른 두 개의 신호는 냉소와 무능함이다. 이런 상황이 벌어지게 만들기는 정말 쉬운데, 일을 일찍 시작하고 늦게 끝내면 된다. 산더미 같은 일을 집으로 가져와 허겁지겁 밥을 먹으면서, 스마트폰과 연결된 이어폰을 귀에 꽂고 노트북을 만지작거리며 이메일을 하나라도 더 보내는 것이다. 그러면 다음 계약을 성사시킬 수 있고, 경쟁자들보다 더 많이 팔 수 있고, 사다리에서 한 칸이라도 더 올라갈 수 있으니 말이다. 그러는 사이, 가정생활은 일에 대한 우상숭배적 집착의 제단 위에서 불태워진다. 이것이 바로 일이 우상이 될 때 벌어지는 일이다. 우리가 심지어 일에서 의미를 발견하고자 했을지라도, 결국 그 일이 우리에게서 생명을 빨아들인다. 오래전 이방의 우상들처럼 일이 압도적인 무게로 짓누르고 있기 때문에, 우리는 냉소적으로 변한다. 하지만 우리가 그분께 맡기기만 하면, 하나님은 우리를 이끌어 다시 효과적으로 일할 수 있도록 회복시켜 주신다.

하지만 일의 우상화만 탈진의 원인인 것은 아니다. 어떤 사람들은 타인에 의해 혹독한 압박을 받고 견딜 수 없는 지경까지 내몰리기도 한다. 바나 연구소의 보고에 따르면, 2021년에 38퍼센트의 목회자들이 사역을 내려놓을 것을 고려한 적이 있다고 한다. 어떤 목사는 팬데믹과 관련한 문제들을 둘러싸고 끊임없이 벌어지는 피곤한 논쟁을 지켜보면서 이런 생각이 들었다고 고백한다. "마치 모든 사람이, 이 교회가 그들이 가진 정치적 또는 개인적인 관점과 들어맞지 않는다는 일말의 조짐을 보이는 순간 곧장 이곳을 뛰쳐나갈 준비가 된 듯 보였다."[7] 이 목사는 '헤세드'(chesed, 자애)라는 히브리어 개념에 담긴 아름다운 평화에서 큰 위로를 얻었다고 말한다.

그러므로 안식일의 변치 않는 중요성은, 그것의 목적이 삶을 다시 조율하고 회복하기 위해서는 정기적인 쉼이 필요함을 상기시키는 것이라는 데 있다. 예수님은 자주 제자들에게 말씀하셨다. "한적한 곳에 가서 잠깐 쉬어라"(막 6:31). 이를 무시한다면 우리는 위험에 처하게 될 것이다. 영국의 전 수석 랍비 조너선 색스(Jonathan Sacks)는 안식일에 대해 이렇게 말했다. "이날은 자연에 대한 인간의 개입과 경제활동에 제한을 두는 날이다. 우리는 우리가 창조주가 아닌 피조물임을 자각하게 된다. 땅은 우리 것이 아니라, 하나님의 것이다. 안식일은 자연의 온전함과 인간 노력의 한계를 상기시킨다." 이 말은 오스 기니스(Os Guinness)의 유명한 구절을 떠올려 준다. "현대 세계가 너무 많은 것을 뒤섞어 놓은 탓에, 우리는 일을

---

[7] Peter Chin, in *Christianity Today*, February 2, 2022.

예배하고, 놀아야 할 때 일하고, 예배해야 할 때 논다."[8] 즉, 안식일은 우리가 일상의 업무라는 좁은 틀을 넘어, 삶을 더 큰 맥락에서 바라보는 의식적인 노력이 필요함을 일깨워주는 날이다.

만약 당신이 이런 측면에서 실패하고 있음을 인지하게 되었다면, 취해야 할 조치는 단 하나다. 멈추어 쉬라! 영국의 한 저명한 복음전도자는 이렇게 후회 어린 고백을 했다. "나는 단 하루도 쉬지 않았고, 그러다 몸이 망가졌습니다. 이후로는 그동안 쉬지 못했던 날들을 한꺼번에 몰아서 쉬게 되었지요." 영국의 두 저명한 복음전도자, 존 채프먼(John Chapman)과 리코 타이스(Rico Tice)는 이런 대화를 나누었다. 리코가 말했다. "시간이 없어서, 쉬는 날을 지키지 못할 때가 많네." 그러자 채프먼이 말했다. "하나님의 법을 어긴다면, 그것이 우리를 망가뜨릴 걸세"(If we break God's laws, they will break us).[9]

과로의 동기는 대부분 두려움이다. 낙오에 대한 두려움, 잘해 내지 못할 것에 대한 두려움, 회사가 실망할 것에 대한 두려움, 중요한 것을 놓칠 것에 대한 두려움….

---

8 Os Guinness, *The Call: Finding and Fulfilling the Central Purpose of Your Life* (Nashville, Word Publishing, 1998). 『소명』(IVP).

9 리코 타이스의 허락을 받아 인용.

한마디로, 실패와 거절에 대한 두려움이다. 이것은 마치 노예 감독의 채찍과 같아서 우리를 끊임없이 더 큰 노력과 탈진으로 몰아간다. 이것이 바로 신명기 5:15이 제시하는 안식일의 두 번째 목적을 생각해 보아야 하는 이유다. "너는 기억하라. 네가 애굽 땅에서 종이 되었더니 네 하나님 여호와가 강한 손과 편 팔로 거기서 너를 인도하여 내었나니, 그러므로 네 하나님 여호와가 네게 명령하여 안식일을 지키라 하느니라." 이스라엘 백성에게 안식일을 주신 의도는, 하루를 쉬면서 그들이 쉼 없는 노예 노동을 강요받던 이집트로부터 하나님의 구속을 받았다는 사실을 기억할 기회를 얻도록 하는 것이었다. 오늘날 그리스도인들이 스스로, 혹은 부도덕한 고용주의 강요로 인해 쉼 없이 불가능에 가까운 시간 동안 노예처럼 일하는 것은 너무나 슬픈 비극이다. 그런 사람들, 혹은 그런 고용주들은 창조와 구속을 망각하고 있다. 일이란 더 큰 맥락에서 바라보아야 하는 것임을 잊어버린 것이다.

우리가 일 중독자가 되어 스스로를 과로로 내몰고 있다면, 쉼을 가지면서 우리가 구속받았다는 사실에 대해 생각해 볼 필요가 있다.

안타깝게도 많은 나라에서 이윤에 대한 압박이 증가함에 따라 취미를 즐기고 가족과 함께하는 시간이 줄어들고, 이로 인해 안식일 개념이 심각하게 손상되었다.

신약 시대에, 특히 유대인 신자와 이방인 신자가 혼합되어 있던 교회들을 중심으로 안식일의 지위에 대한 관심이 부상했다. 안식일이 유대인에게는 의무였지만, 비유대인의 경우 이웃 유대인이 지키는 관습을 따르게 된 경우를 제외하면 대부분 이 문제에 문외한이었다. 그래서 안식일을 지키는 문제가 하나의 쟁점이 될 소지가 다분했다.

안식일에 관한 그리스도인의 입장은 무엇일까? 반드시 일요일이어야 할까? 분명 아닐 것이다. 왜냐하면, 보통 일요일에 교회에서 섬기는 사역자와 목사들은 월요일에 쉬는 경우가 많기 때문이다. 신약을 보면 그리스도인들은 일요일을 예수님이 부활하신 날, 즉 **주일**이라고 불렀다. 이것은 일이나 안식일과는 별개의 개념이다. 사실, 주의 만찬이 그렇게 불린 것은 하루 일을 끝낸 후 저녁에 이루어졌기 때문일 수 있다. 이와 관련해, 유대인의 안식일은 토요일이었고 지금도 여전히 그렇다는 사실을 언급해야 할 것이다.

제칠일안식교는 그리스도인이 토요일을 안식일로 지켜야 한다고 주장한다. 그리고 유대인에게 토요일에 일하는 것을 금하는 규정을 그리스도인의 경우 일요일에 적용해야 한다고 보는 일부 안식일 엄수주의자들은, 이제 일요일을 안식일로 보아야 한다고 주장한다. 그러나 성경에는 그에 관한 어떤 지시 사항도 나타나 있지 않다.

안식일 준수의 문제를 이해하기 위해서는 예수님의 가르침을 살펴볼 필요가 있다. 예수님이 안식일을 어기는 행위를 비난하는 사람에게 나타내신 반응은 안식일에 대한 새로운 이해를 가져왔다. 그분은 마태복음 12:1-8에서 제자들이 안식일에 곡식 낟알을 문질러서 먹는 행위를 허용하시고, 요한복음 9장에서는 시각 장애를 가지고 태어난 사람을 치료해 주셨다.

전자의 경우, 예수님은 제자들의 행동을 강력하게 옹호하신다. 그분은 그들이 (최대한의 가능한 의미에서) 하나님을 섬기는 그분의 사역에 관여하고 있다고 지적하신다. 그리고 나서 구약의 전례를 인용하신다. "제사장들이 성전 안에서 안식을 범하여도 죄가 없[다]." 그리고 이렇게 덧붙이신다. "인자는 안식일의 주인이니라." 이는 안식일이 이스라엘과 맺은 언약의 일부이고 따라서 지켜야 할 의무이긴 하지만 도덕법은 아님을 말해 준다. 왜냐하면 '도덕'과 '죄책' 그 자체의 정의를 생각할 때, 도덕법을 범하면서 죄책이 없다는 말은 불가능하기 때문이다. 예수님의 이 말씀에서 '안식일' 대신 십계명의 도덕법과 연관된 단어를 어떤 것이든 집어넣어 본다면 이 점이 더 명확해질 것이다. 예를 들어, 제사장이 성전에서 도둑질을 한다거나 간음을 하고서도 죄가 없다고 한다면 이것은 도덕적으로 부조리한 말이 된다.

바로 이런 이유 때문에, 신약에서 도덕적 계명들이 그리스도인의 행위를 규율하는 기준으로 반복해서 등장하는 것이다. 반면 안식일 법은 도덕적 계명이 아니며, 따라서 신약에서도 다른 측면에서 언급된다.

로마에 있던 교회는 기독교로 회심한 유대인과 이방인들이 함께 있던 교회였다. 바울은 로마서의 거의 마지막 부분에 이르러서, 음식과 관련한 양심의 문제나 날을 지키는 것과 관련된 의견 차이를 조정하는 지침을 준다.

> 믿음이 연약한 자를 너희가 받되 그의 의견을 비판하지 말라. 어떤 사람은 모든 것을 먹을 만한 믿음이 있고 믿음이 연약한 자는 채소만 먹느니라. 먹는 자는 먹지 않는 자를 업신여기지 말고 먹지 않는 자는 먹는 자를 비판하지 말라. 이는 하나님이 그를 받으셨음이라. 남의 하인을 비판하는 너는 누구냐? 그가 서 있는 것이나 넘어지는 것이 자기 주인에게 있으매 그가 세움을 받으리니 이는 그를 세우시는 권능이 주께 있음이라.

어떤 사람은 이 날을 저 날보다 낫게 여기고 어떤 사람은 모든 날을 같게 여기나니 각각 자기 마음으로 확정할지니라. 날을 중히 여기는 자도 주를 위하여 중히 여기고 먹는 자도 주를 위하여 먹으니 이는 하나님께 감사함이요, 먹지 않는 자도 주를 위하여 먹지 아니하며 하나님께 감사하느니라. 우리 중에 누구든지 자기를 위하여 사는 자가 없고 자기를 위하여 죽는 자도 없도다. 우리가 살아도 주를 위하여 살고 죽어도 주를 위하여 죽나니 그러므로 사나 죽으나 우리가 주의 것이로다. 이를 위하여 그리스도께서 죽었다가 다시 살아나셨으니 곧 죽은 자와 산 자의 주가 되려 하심이라. (롬 14:1-9)

여기서 바울은 도덕적 쟁점이 아닌 양심의 문제에 관해 쓰고 있다. 그리고 이 문제의 조정 방식 이면에 놓인 관심은 다른 신념을 가진 신자들 사이의 조화를 장려하는 것이다. 바울에게 중요한 것은, 도덕적 원칙과 상관없는 실천의 문제에서 차이가 생길 때 신자들이 서로를 판단하는 입장에 서지 않는 것이다. 유대 배경을 가진 일부 신자들은 양심적으로 안식일을 준수하고 돼지고기를 먹지 않을 것이다. 반면, 이 같은 양심의 문제가 없는 사람들은 돼지고기를 먹고 안식일을 지키지 않을 것이다.

어떤 실천을 하든 그것은 주를 위한 것이다. 하지만 바울은, 양심의 측면에서 전자가 약하고 후자가 강한 사람들이라고 솔직하게 표현한다. 이제 상황이 구약에서 신약 시대로 넘어왔음을 깨닫는다면 양심이 조정될 수 있음을 넌지시 암시한 셈이다. 사도행전 10장에서 베드로가 배워야 했듯, 그리스도께서 "모든 음식물을 깨끗하[게]"(막 7:19) 하셨기 때문이다. 그 결과, 이제 각 사람은 자신의 행위를 '전적으로 자신의 생각에 따라' 판단해야 한다.

이렇게 양심을 조정하기 위해서는 얼마간의 시간이 필요할지도 모른다. 또한 주를 기쁘시게 하는 경건한 삶은 무언가를 먹고 마시는 문제가 아니기 때문에(롬 14:17), 누구도 자신이 여전히 양심적으로 지키는 것을 동료 신자에게 강요함으로써 그를 넘어뜨려서는 안 된다. 오늘날의 예를 들어 보자면, 유대인이나 무슬림 친구를 식사에 초대할 때 결례를 범하지 않으려면, 개인적으로 돼지고기를 좋아하더라도 식탁에 돼지고기를 내지 않거나 자제할 것이다. 그리스도인인 나의 아버지는 한동안 양심의 문제로 돼지고기를 먹지 않다가 이후 베드로처럼 태도를 바꾸셨다.

좀 더 살펴보아야 할 몇 가지가 있다. 다음의 시나리오들에 대해 생각해 보자.

시나리오 1. 안식일 엄수주의를 강하게 고수하면서 일요일에 운전하는 것까지 금하는 교회[10]로부터 내가 설교 요청을 받았다고 가정해 보자. 나 자신은 일요일에 운전하는 것이 아무렇지 않음을 고집하며 차를 몰고 이 교회에 나타난다면, 그에 항의하는 회중이 교회를 떠나 버릴지도 모른다. 그러므로 나는 차를 몰고 이 교회에 가지 않을 것이다. 이 문제에는 어떤 도덕 원칙도 결부되지 않았기 때문이다. 복음을 자유롭게 설교하기 원하는 나는, 바울의 권고를 받아들여 그들의 양심을 위해 '유대인과 함께할 때는 유대인과 같이 행동할' 것이다.

시나리오 2. 이제 내가 멀리 떨어진 어떤 지역의 선교사라고 가정해 보자. 나는 다른 선교사가 나를 방문하리라는 소식을 듣는다. 동료와 친교를 나눌 기회를 기쁘게 여기며, 작지만 성장하고 있는 우리 교회에서 설교해 줄 것을 부탁한다. 처음에는 모든 것이 순조롭다. 그러다 그가 예고도 없이 회중을 향해, 구원받기 위해서는 안식일을 지

---

10 이런 교회는 매우 드물긴 하지만 아직도 존재한다.

켜야 한다고 말한다. 그는 자신의 강한 안식일 엄수주의 신념을 사전에 내게 알리지 않았다.

이런 상황에서 나는 이것이 마치 양심의 문제인 것처럼 그가 이런 말을 해도 된다고 결코 말할 수 없다. 나는 곧장 개입해서 그의 설교가 복음과 상충한다고 말할 의무가 있다. 첫 번째 시나리오에서는 양심의 문제였던 것이 이제는 심각한 교리의 문제가 되었기 때문이다. 그는 지금 안식일 준수를 통해 구원을 얻는다고 말하고 있는 것이다. 이는 일과 구원의 관계에 관한 복음의 가르침과 정면으로 충돌하기 때문에, 복음을 위해서는 그의 관점에 도전하지 않으면 안 된다.

많은 사람이 구원은 일이나 공적에 따른 것이 아니라는 복음의 원리를 쉽게 받아들이지 못한다. 우리의 마음속에서 일, 특히 보수를 지급받는 일은 공적과 긴밀하게 연결되어 있다. 우리는 우리가 하는 일에 적합한 보수를 받기를 기대하고, 고용주가 우리가 쌓은 공적에 따라 우리를 대우해 주기를 원한다. 그리고 열심히 일한다면 동료와 고용주와의 관계가 좋아지리라 생각한다.

일과 보상의 이러한 관계가 우리 안에 너무 깊이 뿌리내리고 있어서, 우리는 세상의 모든 영역이 근본적으로 이런 방식으로 작동한다고 쉽게 상상한다. 그 결과 종교

일반적으로, 특히 기독교에서는 인간에 대한 하나님의 태도가 각 사람이 한 일에 따라 결정된다는 잘못된 관념이 널리 퍼지게 되었다. 즉, 선하게 살고 좋은 일을 하면 결국 마지막 심판 때 받아들여질 것이라는 희망을 갖고, 반대로 악한 일을 했다면… 글쎄, 그에 대해서는 별로 생각하고 싶지 않다.

구원의 토대와 열매

하지만 하나님이 우리를 받아들이고 구원하시는 일은 우리의 공적에 따른 것이 아니며, 안식일을 지키거나 선한 일을 많이 하기 때문도 아니다. 좋은 소식은, 우리 죄에 따르는 형벌을 대신 받기 위해 십자가에서 죽으신 예수님이 하신 일과 그분의 공적을 신뢰할 때 구원의 선물을 받게 된다는 것이다. 바울이 설명하듯이, 구원이란 우리가 노력으로 획득하는 것이 아니라 주어지는 것이다.

> 너희는 그 은혜에 의하여 믿음으로 말미암아 구원을 받았으니 이것은 너희에게서 난 것이 아니요 하나님의 선물이라. 행위에서 난 것이 아니니 이는 누구든지 자랑하

지 못하게 함이라. 우리는 그가 만드신 바라 그리스도 예수 안에서 선한 일을 위하여 지으심을 받은 자니 이 일은 하나님이 전에 예비하사 우리로 그 가운데서 행하게 하려 하심이니라. (엡 2:8-10)

그러므로 두 번째 시나리오에는 슬픈 아이러니가 있다. 안식일 준수가 구원을 위한 선한 일이라는 말은 안식일 자체가 나타내는 더 깊은 의미와 상충하는 모순어법이다. 앞에서 우리는 일차적인 의미에서 안식일 법이 신약 시대의 신자들에게 **적용**되지 않는다는 점을 알게 되었다. 하지만 히브리서 4장은 신자들을 위해 그 법을 **해석**해 준다. 저자는 창세기 2장의 안식일 본문을 인용해 쉼의 본질을 길게 논의한 후 이렇게 끝을 맺는다. "그런즉 안식할 때가 하나님의 백성에게 남아 있도다. 이미 그의 안식에 들어간 자는 하나님이 자기의 일을 쉬심과 같이 그도 자기의 일을 쉬느니라"(히 4:9-10).

창세기 기사에 따르면 하나님은 일곱째 날에 쉬셨다. 그분은 창조하는 일을 하셨고, 그러고 나서 일을 쉬셨다. 그렇게 해서 우리는 우리가 창조했거나 그 과정에 공을 쌓거나 노력한 적 없는 이 우주를 물려받을 수 있게 된 것이다. 우리는 하나님이 하신 일의 결과 안에서 쉬고, 그것을 받고 누린다. 그리고 이 본문은 이제 하나님의 영적인 안식으로 들어가는 것, 즉 그분의 용서와 구원과 평화를 받는 것이 유비적으로 발전되어 나감을 보여 준다. 하나님이 우리의 도움 없이 창조의 일을 하셨듯이 다시금 우리의 도움 없이 우리를 구속할 수단을 창조하셨다. 우리 죄를 위한 그리스도의 십자가 죽음과 그분의 부활을 통해서 말이다. 그러므로 하나님의 안식으로 들어가기 위해서는, 우리가 하는 일이 **아닌** 그리스도가 하신 일에 의지해야 한다. 바울은 이 원리를 매우 분명하게 표현하고 있다. "일하는 자에게는 그 삯이 은혜로 여겨지지 아니하고 보수로 여겨지거니와, 일을 아니할지라도 경건하지 아니한 자를 의롭다 하시는 이를 믿는 자에게는 그의 믿음을 의로 여기시나니"(롬 4:4-5).

계속해서 바울은 그리스도를 믿음으로 구원의 선물을 받은 우리는 "선한 일을 위하여 지으심을 받은 자"이며 "이 일은 하나님이 전에 예비하사 우리로 그 가운데서 행하게 하심"이었다고 말한다. 즉 선한 일은 구원의 기초가 아니라 구원의 **열매**다. 그리고 하나님은 우리가 이 열매를 맺는 것에 관심을 두고 계신다.

이 원리들이 중요한 이유는 그리스도인들이 쉽게 다음과 같은 위험에 빠지기 때문이다.

첫째, 인간은 노력을 통해, 심지어 '기독교적인 일'을 통해 하나님의 사랑을 획득해야 한다는 생각에 쉽게 빠진다. 이런 생각은 기쁨이 없고 침체되고 고된 삶, 한마디로 노예 같은 삶으로 이끌어 결국 탈진되고 만다. 이는 안식일의 **쉼**의 의미에 대한 이해의 부족을 드러낸다.

둘째, 하나님의 구원이 값없이 주어지는 선물이기 때문에 자신의 '잘못'을 심각하게 여기지 않고, 따라서 자신의 삶의 방식이 그리 중요한 문제가 아니라고 여기게 된다. 이는 **구속**의 본질에 대한 이해의 부족을 드러낸다.

우리가 정말로 바쁘게 일하고 있다면, 우리는 하나님이 이미 우리를 받으셨기 때문에 주를 기쁘시게 하기 위해 일해야 한다는 사실을 끊임없이 상기할 필요가 있다. 우리는 받아들여지려는 목적으로 그분을 감동하게 하기 위해 일하는 것이 아니다. 오직 이것이 분명해질 때만 일에 대한 바른 자세를 가질 수 있을 것이다.

물론 이것만으로 다 설명되는 것은 아니다. 주를 위해 일하는 것은 성경에서 '보상'과 연결되어 있다. 이 주제는 뒤에서 따로 다루도록 하겠다.

생각해 보기 _____

1. 하나님의 형상으로 지어졌다는 것이 당신에게는 어떤 의미인가? 이 사실은 당신의 일 및 일하는 방식과 어떤 관계가 있는가?

2. '창조하고 질서를 세운다'는 표현이 우리가 하는 일을 적절히 요약한 말이라고 생각하는가? 당신의 대답을 뒷받침하는 사례를 찾아보고, 사람들과 비교해 보라.

3. 창조 세계의 청지기가 된다는 것은 어떤 의미인가?

4. 죄가 세상에 들어왔다는 사실은 일에 어떤 영향을 미쳤는가? 당신이 하는 일에서 그 증거를 찾아볼 수 있겠는가?

5. 안식일은 당신에게 어떤 의미인가? 당신은 쉼과 회복을 어떻게 실천하고 있는가?

6. "하나님의 법을 어긴다면, 그것이 우리를 망가뜨릴 것이

다"라는 말에 대해 생각해 보라. 개인적으로 그런 경험을 한 적이 있는가?

7. 구원이 우리의 일이 아닌 하나님의 은혜로 이루어지는 것이라면, 왜 일하는 방식을 중요하게 여겨야 하는가?

2.
동기

「포커스 매거진」(*Focus Magazine*)이 독일에서 다음과 같은 설문 조사를 했다. "일을 하는 가장 큰 동기가 무엇인가?" 설문에 참여한 그룹의 절반 가까운 사람들이 돈이라고 대답했다. 절반이 안 되는 사람들은 일에 대한 만족감을, 5분의 1에 해당하는 사람들은 동료 관계와 우정을 꼽았다.

일의 동기는 하나님과 관련이 있는 걸까? 아니면 그저 운 좋게 최고의 일을 찾아 그것을 최대한으로 즐기는 사람이 있는 반면에, 일에서 기쁨이나 만족감은 거의 느끼지 못하는 사람들도 있고, 우리는 그저 그런 현실을 받아들이며 살아가야 하는 걸까?

어떤 것도 쉬운 질문은 아니다. 그리고 다른 사람들의 문제에 대한 해결책을 찾을 수 있다는 생각은 큰 오만일 것이다. 물론 그럴 수는 없다. 우리 각자는 번성하고자 하는 갈망을 가지고 태어난 인간이며, 번성하는 삶의 의미에 관한 생각은 저마다 다르기 때문이다.

왜 일하느냐 하는 것은 좀 어리석은 질문인데, 왜냐하면 그 답이 너무 명백해 보이기 때문이다. 우리는 대부분 자신과 식구들을 위한 의식주를 마련하기 위해 일이 필요하다.

직관적이면서도 성경적인 관점에서 볼 때, 우리가 이와 같은 것들을 얻기 위해 일을 해야 한다는 것이 표준적인 생각이다. 예를 들어, 주로 농경 사회의 맥락에서 쓰인 솔로몬의 잠언들은 이 점을 명확히 보여 준다. "자기의 토지를 경작하는 자는 먹을 것이 많거니와 방탕한 것을 따르는 자는 지혜가 없느니라"(잠 12:11). "부지런한 자의 손은 사람을 다스리게 되어도 게으른 자는 부림을 받느니라"(잠 12:24). "모든 수고에는 이익이 있어도 입술의 말은 궁핍을 이룰 뿐이니라"(잠 14:23).

물론 다음 구절에서처럼, 성경은 게으름뿐 아니라 불의와 억압 역시 가난의 중요한 원인이 될 수 있음을 지적한다는 점 역시 잊어서는 안 된다. "가난한 자는 밭을 경작함으로 양식이 많아지거니와 불의로 말미암아 가산을 탕진하는 자가 있느니라"(잠 13:23).

바울은 데살로니가의 그리스도인들에게 게으름의 위

험에 관해 이야기한다. "형제들아 권하노니, 더욱 그렇게 행하고 또 너희에게 명한 것같이 조용히 자기 일을 하고 너희 손으로 일하기를 힘쓰라. 이는 외인에 대하여 단정히 행하고 또한 아무 궁핍함이 없게 하려 함이라"(살전 4:10-12). 그리고 이렇게 단도직입적으로 말한다. "우리가 너희와 함께 있을 때에도 너희에게 명하기를 누구든지 일하기 싫어하거든 먹지도 말게 하라 하였더니"(살후 3:10).

또한 바울은 디모데에게 에베소의 그리스도인들에게 다음과 같은 사실을 확실히 가르칠 것을 촉구한다. "누구든지 자기 친족 특히 자기 가족을 돌보지 아니하면 믿음을 배반한 자요 불신자보다 더 악한 자니라"(딤전 5:8).

실업

우리는 앞의 구절에서 바울이 얼마나 신중하게 단어를 선택하고 있는지 들여다볼 필요가 있다. "누구든지 일하기 **싫어하거든** 먹지도 말게 하라." 이 말은 언젠가 어느 수상이 잘못 인용한 사례(그녀의 이름은 밝히지 않겠다!)에서 보듯이, 오해를 받기가 쉽다. 그 수상은 이렇게 말했다. "누구든지 **일하지 않거든** 먹지도 말게 하라." **싫어한다**는 말과 **하지 않는다**는 말은 엄청난 차이가 있다. 안타깝게도 이 세상에는, 일을 좋아하고 너무나 일하고 싶지만 일자리를 구하지 못하는 사람이 많다. 그들에게 일이 없으므로 음식을 먹어서는 안 된다는 말은 너무나 고통스럽고 잔인한 말이다.

우리는 일이 없을 때 비참함을 느낀다. 구직 중이던 십 대 아들이 또 거절을 당하고 집으로 돌아와 눈물을 머금고 하던 말이 아직도 기억에 남아 있다. "그 사람들이 나를 원하지 않더라고요." 그 상황이 너무나 힘들었던 것은, 창세기에서 보듯 하나님이 일을 (일반적으로) 인간 존재의 중요한 부분을 차지하도록 만드셨기 때문이다. 그렇기 때문에 우리는 일을 구하지 못할 때 자신이 무가치하고 누구도 자신을 원하지 않는다는 생각에 쉽게 빠져든다. 일하고 있는 사람들은 그 일이 주어진 것에 감사해야 하고, 또 일을 찾지 못한 사람들을 공감과 사려 깊은 태도로 대할 필요가 있다.

또한 우리는 사회의 많은 이들, 특히 고용을 창출해 내는 이들에게 감사해야 한다. 평생 교사이자 연구자로 살아온 나는 많은 교사를 훈련하면서 그들이 고용될 기회를 얻는 데 도움을 주었다. 하지만 직접 누군가를 고용한 적은 별로 없었기 때문에, 그렇게 하고 있는 사람들을 대단히 존경한다. 우리는 우리 가운데 있는 기업가들을 격려할 필요가 있다. 그들은 자신만을 위해서가 아니라 다른 사람을 위해서도 일자리를 창출했기 때문이다. 그들 덕분에 직원들은 자신의 능력으로는 불가능했던 일을 누군가가 해주었다는 것에 감사하는 마음으로 밤마다 편안히 잠들 수 있다.

일의 동기

이제 우리는 매우 중요한 주제인 '동기'의 문제에 이르게 된다. 자신의 진짜 동기가 무엇인지를 아는 것은 쉽지만은 않은 일이다. 그럴 때 유익한 방법의 하나는 자신의 꿈이 무엇인지, 그리고 악몽이 무엇인지를 스스로에게 묻는 것이다. 소망과 두려움은 우리를 진정으로 추동하는 것에 대해 많은 것을 알려 준다. 그리고 그중 하나는 바로 우리의 가치관이다. 예수님은 유명한 산상수훈을 통해, 이 문제에 대해 숙고해 보라고 말씀하신다.

> 너희를 위하여 보물을 땅에 쌓아 두지 말라. 거기는 좀과 동록이 해하며 도둑이 구멍을 뚫고 도둑질하느니라. 오직 너희를 위하여 보물을 하늘에 쌓아 두라. 거기는 좀이

나 동록이 해하지 못하며 도둑이 구멍을 뚫지도 못하고 도둑질도 못하느니라. 네 보물 있는 그곳에는 네 마음도 있느니라.

눈은 몸의 등불이니 그러므로 네 눈이 성하면 온몸이 밝을 것이요 눈이 나쁘면 온몸이 어두울 것이니 그러므로 네게 있는 빛이 어두우면 그 어둠이 얼마나 더하겠느냐.

한 사람이 두 주인을 섬기지 못할 것이니 혹 이를 미워하고 저를 사랑하거나 혹 이를 중히 여기고 저를 경히 여김이라. 너희가 하나님과 재물을 겸하여 섬기지 못하느니라. (마 6:19-24)

여기에는 짝을 이루는 것들이 세 차례 등장한다. 우선 투자할 수 있는 두 세계, 즉 땅과 하늘이 함께 등장한다. 그리고 감각 기관인 눈의 두 가지 상태, 즉 건강한 (healthy, '단일한'이라는 의미가 있다) 상태와 나쁜 상태가 있다. 마지막으로, 우리가 섬길 수 있는 두 주인, 즉 하나님과 돈이다. 이것들은 우리에게 세 가지 질문을 던진다. '어디에 투자할 것인가?' '세상을 어떻게 볼 것인가?' '어떤 주인을 섬길 것인가?' 여기서 이 질문들은 간단히 다루겠지만, 이 주제들은 이 책 전반에 걸쳐 등장하게 될 것이다.

1. 어디에 투자할 것인가?

예수님은 먼저 청중에게 우리가 밟고 있는 단단한 이 땅이 유일하게 존재하는 세계가 아님을 상기시키신다. 땅이 실제인 것처럼, 하늘도 실제다. 예수님의 핵심 주장 중 하나는 그분이 하늘에서 땅으로 내려오셨다는 것이다. 우리가 일을 대하는 태도는 하나의 세계를 믿느냐 아니면 두 개의 세계를 믿느냐에 따라 크게 달라질 것이다. 그렇다면 영원의 관점에서 어떻게 자원을 사용할 수 있을까? 모든 사람에게 넉넉한 기부를 위한 재정적 여유가 있지는 않지만, 저축한 돈이 복음을 위해 쓰이도록 하는 방법은 있다. 예를 들어, 복음주의 투자자들이 소유하고 있는 킹덤 뱅크(Kingdom Bank)[11]는 영국 교회의 성장과 발전을 돕기 위해 설립된 기독교 은행이다.

물론 모든 사람에게 투자할 만한 돈이 있는 것은 아니다. 그렇지만 우리는 모두 시간, 에너지, 그리고 사랑과 돌봄과 헌신과 같은 정서적 자산을 갖고 있다. 그리고 우리는 그것들을 투자할 수 있고, 그렇게 **해야 한다**. 예를 들어 우리에게는 한정된 시간이 있고, 그것을 상자에 담아 보관할 수 없다. 따라서 우리는 시간을 **사용**해야만 한

---

11 자세한 정보는 www.kingdom.bank에서 확인할 수 있다.

다. 이때 제기되는 질문은 '그 시간을 어디에 사용할 것인가?' 하는 것이다. 그리고 즉각적인 답은 '우리가 가치 있게 여기는 것에 사용한다'이다. 주 예수님은 그것을 보물이라고 부르신다. 그분은 우리가 우리 자신을 위해 보물을 둘 중 하나의 세계에 쌓아 둘 수 있다고 말씀하시는데, 그에 수반되는 것에 대해서는 이후에 살펴보겠다.

2. 어떻게 볼 것인가?

여기서 예수님은 물리적인 시각 기관뿐 아니라 인식에 이르는 관문으로서의 마음의 눈까지 염두에 두신다. 물리적인 눈이 건강하면 모든 것이 또렷하게 보인다. 반대로 눈에 병이 나면 보이는 것들을 왜곡하고 실재를 불완전한 모습으로 전달할 것이다. 다른 비유를 사용해 보자면, 세상은 다양한 색안경을 바꾸어 쓸 때마다 물리적으로 다르게 보인다. 그리고 더 깊은 차원에서는, 어떤 마음의 색안경을 쓰느냐에 따라, 즉 어떤 세계관을 가졌느냐에 따라 마음이 인식하는 세상이 달라진다. 예를 들어, 그리스도인의 눈과 무신론자의 눈에 보이는 세상은 매우 다르다. 비록 세상은 객관적으로 존재하고 있지만, 눈의 건강 상태와 주의를 기울이는 방식에 따라 우리에게 보이는 세상은 달라진다.

우리는 여기서 신경과학의 도움을 얻을 수 있다. 『사물의 문제』(*The Matter with Things: Our Brains, Our Delusions and the Unmaking of the World*)[12]는, 박학다식한 신경과학자 이언 맥길크리스트가 세상에 주의를 기울이는 방식을 주제로 최근에 쓴 권위 있는 책이다. 그보다 12년 전이었던 2009년, 그는 『주인과 심부름꾼』(*The Master and his Emissary*, 뮤진트리)[13]이라는 훌륭한 책을 통해 기본 논지를 소개한 적이 있다.

그의 책들은 두 개의 반구로 이루어진 인간의 뇌 구조에 초점을 맞춘다. 세심한 연구에 따르면, 좌뇌와 우뇌는 함께 작동하면서 사실상 거의 모든 뇌 활동에 관여하고 서로를 필요로 하지만, 그럼에도 둘 사이에는 중요한 차이점이 있다. 그리고 이 차이는 현실을 인식하는 데 큰 영향을 미친다.[14] 두 반구 사이에는 비대칭성이 존재하는데, 좌뇌는 파악(apprehension)에, 우뇌는 이해(comprehension)에 중점을 둔다. 이 때문에 각 반구는 세상에 대해 다른 방식으로 주의를 기울이고 그 결과 다른

---

12 London, Perspectiva Press, 2021.

13 New Haven, Yale University Press, 2009.

14 이 내용에 대한 유익한 자료는 https://www.youtube.com/watch?v=U99dQrZdVTg에서 찾을 수 있다.

종류의 지식을 만들어 낸다. 좌뇌는 세상을 조작하는 데 도움이 되고, 우뇌는 세상을 이해하도록 돕는다. 좌뇌는 분류와 분석에 능숙하고, 우뇌는 타인과의 관계 형성에 도움을 준다. 좌뇌는 사물을 비인격적 객체로 이해하고, 우뇌는 사람을 인격과 주체로 이해한다. 좌뇌는 우리에게 작고 세밀한 그림을, 우뇌는 큰 그림을 제공해 준다.

이에 대한 좋은 예시로, 씨앗을 쪼아 먹는 작은 새를 머릿속에 그려 보라. 그 새는 (좌뇌의 통제를 받는) 오른쪽 눈으로 땅에 떨어진 씨앗을 보고 있다. 그러는 동안에도 (우뇌의 통제를 받는) 왼쪽 눈으로는, 맹금류 포식자가 나타날지도 모르는 주변 환경에 대한 큰 그림을 놓치지 않는다.

우리 인간이 수행하는 많은 일들, 특히 반복적이고 기계적인 일들은 주로 좌뇌의 활동이다. 반면 더 큰 맥락을 만들어 내는 일은 우뇌의 활동이다. 그리고 우리는 둘 모두가 필요하다.

좋은 눈과 나쁜 눈에 대한 예수님의 가르침은 뇌에 대한 이러한 이해와 완벽하게 들어맞는다. 특히 좌뇌가 장악할 때 일어나는 일에 대해 맥길크리스트가 한 말에 비추어 볼 때 그렇다. "좌뇌는 초점을 지나치게 좁히는 경향이 있어서, 큰 그림을 보는 데 실패한다. 그래서 빈약한 그림이 전체를 나타낸다고 상정하게 되면 무언가가 빠져 있다는 사실을 감지하기가 힘들다."[15] 이것이 바로 마음을 어둠으로 가득 채우는 나쁜 눈의 분명한 원인 중 하나다.

3. 어떤 주인을 섬길 것인가?

인간이 섬길 수 있는 주인으로 예수님이 염두에 두신 것은 하나님과 돈[16]이다. 우리는 우리가 하나님을 섬기면서 돈을 사용한다는 사실을 유념해야 하며, 이는 이 책에서 상세히 다루어 나갈 주제다. 하나님과 돈을 동시에 섬기기는 불가능하다. 어떤 문제가 발생할 때 우리는 돈을 섬기면서 하나님을 이용하려는 위험한 시도를 하게 되는데, 이것은 실패와 재앙으로 가는 지름길이다.

예수님의 가르침에 나오는 두 주인에 대한 비유는 앞서 언급한 맥길크리스트의 책의 내용을 떠올리게 하는데, 이 책을 통해 우리는 예수님의 가르침을 다른 방향에서 새롭게 적용해 볼 수 있다. 『주인과 심부름꾼』에서 맥길크리스트는, 통치하는 땅이 너무 넓어 어려움에 빠진

---

15 우리는 앞으로도 맥길크리스트를 참조할 것이고, 흥미가 생기는 독자라면 다른 어떤 영역에 그의 통찰을 적용할 수 있는지 찾아보아도 좋다. 부록 2에도 이 주제에 관한 더 많은 정보를 실어 두었다.

16 '맘몬'(Mammon)은 돈을 뜻하는 아람어다.

한 왕에 대한 니체의 이야기를 들려준다. 왕은 문제를 해결하기 위해 자기를 대신할 유능한 특사를 보낸다. 하지만 왕의 허를 찌를 기회를 발견한 특사는 사람들의 환심을 사서 왕의 자리를 찬탈하는 데 성공한다. 맥길크리스트는 이 비유를 가지고 왕을 우뇌로, 특사를 좌뇌로 표현한다. 그리고 좌뇌가 삶을 지배하도록 내버려둘 때 모든 가치와 의미를 잃어버릴 수 있음을 경고한다. 이것은 정확히 돈이 삶을 지배하도록 내버려둘 때 일어나는 일이다. 하지만 우리에게 뇌의 두 반구는 모두 필요하다. 즉 둘 중 하나를 선택하는 문제가 아니라, 어떤 쪽이 지배하도록 할 것이냐의 문제다.

예수님의 세 가지 말씀 중 두 가지는 돈에 관한 것이고, 나머지 하나인 인식에 관한 가르침은 그 둘 사이에 끼어 있다. 이런 구조로 보아, 예수님이 우리가 인식, 특히 돈과 관련된 인식에 대해 생각해 보길 원하셨다고 여겨도 무리가 없을 것이다. 우뇌의 통제를 받는 건강한 눈은 땅에 있는 보물보다 하늘에 있는 보물을 훨씬 가치 있게 여길 것이다. 건강한 눈은 우뇌에게 지배권을 주고 돈보다는 하나님을 거리낌 없이 기쁜 마음으로 섬기게 할 것이다. 주는 삶은 물질주의에 대한 최고의 해독제가 될 것이다.

이제 이 세 가지 말씀은 염려에 대한 예수님의 가르침으로 이어진다.

> 그러므로 내가 너희에게 이르노니 목숨을 위하여 무엇을 먹을까 무엇을 마실까 몸을 위하여 무엇을 입을까 염려하지 말라. 목숨이 음식보다 중하지 아니하며 몸이 의복보다 중하지 아니하냐. 공중의 새를 보라 심지도 않고 거두지도 않고 창고에 모아들이지도 아니하되 너희 하늘 아버지께서 기르시나니 너희는 이것들보다 귀하지 아니하냐. 너희 중에 누가 염려함으로 그 키를 한 자라도 더할 수 있겠느냐. 또 너희가 어찌 의복을 위하여 염려하느냐. 들의 백합화가 어떻게 자라는가 생각하여 보라. 수고도 아니하고 길쌈도 아니하느니. 그러나 내가 너희에게 말하노니 솔로몬의 모든 영광으로도 입은 것이 이 꽃 하나만 같지 못하였느니라.
> 오늘 있다가 내일 아궁이에 던져지는 들풀도 하나님이 이렇게 입히시거든 하물며 너희일까보냐, 믿음이 작은 자들아. 그러므로 염려하여 이르기를 무엇을 먹을까 무엇을 마실까 무엇을 입을까 하지 말라. 이는 다 이방인들이 구하는 것이라. 너희 하늘 아버지께서 이 모든 것이 너희에게 있어야 할 줄을 아시느니라. 그런즉 너희는 먼

저 그의 나라와 그의 의를 구하라. 그리하면 이 모든 것을 너희에게 더하시리라. 그러므로 내일 일을 위하여 염려하지 말라. 내일 일은 내일이 염려할 것이요 한 날의 괴로움은 그날로 족하니라. (마 6:25-34)

염려는 많은 사람을 괴롭히는 주제다. 여기서 예수님은 돈과 먹고 마실 음식, 옷, 집 등 흔히 사람들이 일하는 동기가 되는 것들과 관련한 염려에 대해 말씀하신다. 이런 것들을 얻고 또 지속적으로 확보하는 문제는 삶의 주된 걱정거리이며, 이 때문에 사람들은 쉽게 불안과 절망에 빠지고 가정이 붕괴하기도 한다. 심지어 일을 하고 있어도 말이다.

예수님이 인식의 맥락에서 염려를 다루시는 방식은 신경학적 관점에서 볼 때 매우 인상적이다. 맥길크리스트는 이렇게 말한다. "초점을 좁힌 주의력과 염려는 모두 좌뇌와 관련된다. 그리고 서로를 자극하고 몰아간다."[17]

예수님은 하늘 아버지께서 우리의 필요를 아신다고 말씀하신다. 그렇기 때문에 우리는 수없이 다양한 상황에서, 주님이 앞 문맥에서 제자들에게 가르치신 기도를 해

---

17 *The Matter with Things*, p.368.

왔다. "하늘에 계신 우리 아버지여…오늘 우리에게 일용할 양식을 주시옵고." 주님이 **오늘**을 강조하시면서 매일 음식을 간구하며 그분께 의지하도록 우리를 초대하시기에, 우리는 마땅히 그래야 한다. 음식을 주시는 하나님께 감사하는 일은 그저 사소하고 하찮은 의식이 아니라, 우리가 음식을 먹기 위해 궁극적으로 하나님께 의존한다는 사실을 인정하는 것이다. 물론 대부분의 사람들이 일을 하고 음식을 얻지만, 일할 수 있는 능력과 일자리 자체는 우선적으로 하나님이 주신 선물이다. 그리고 우리는 그 사실을 늘 기억해야 한다.

다윗 왕도 우리가 살펴본 예수님의 말씀과 유사한 글을 쓴 적이 있다. "내가 어려서부터 늙기까지 의인이 버림을 당하거나 그의 자손이 걸식함을 보지 못하였도다"(시 37:25). 그런데 여기에는 명백한 문제가 있다. 우리는 이 말을 어디까지 진실로 받아들일 수 있을까? 나는 도저히 이 구절을 이해하거나 적용할 수 없는 상황들을 잘 알고 있기 때문이다. 하늘 아버지께서 그의 자녀들에게 음식과 옷이 필요함을 아신다면, 왜 늘 공급해 주시지는 않는가? 예를 들어, 이 세상에는 충분한 음식과 물을 얻지 못하고 심지어 살아갈 가망조차 없는 가정이 있으며, 심지어 이미 굶주림으로 자녀를 잃은 가정도 있다. 그런 사람들에게 염려하지 말라고 말하는 것은, 게다가 자신은 잘 먹고 있는 상태라면, 정말 둔감하고 잔인한 일이다. 그렇다면 우리는 하나님이 우리의 필요를 채워 주신다는 말씀을 순진하고 비현실적인 것으로 여겨야 하는가?

예수님의 말씀은 당시 그 지역에 있던 군중을 향한 것이었고, 부유한 사람이 많지는 않았지만 대부분 먹고살 수 있는 사람들이었다. 그리고 그분은 적어도 두 번은 자신의 초자연적 능력을 사용해 큰 군중을 먹이셨지만, 늘 그렇게 하지는 않으셨다. 하늘 아버지께서 우리의 필요를 아신다는 그분의 말씀에도 불구하고 말이다. 그분이 굶주리는 군중을 향해 설교하셨다면 어떻게 말씀하셨을지 우리는 알지 못한다. 여기에는 내가 이해하기 힘든 깊은 신비가 있다. 이 구절은 답하기 힘든 숱한 질문들을 우리에게 남긴다. 하지만 그렇다고 해서 이 구절을 통해 '일반적인' 상황에서의 삶에 지침이 될 중요한 원칙을 끌어내지 못한다는 뜻은 아니다.

사도 바울은 굶주림과 궁핍을 경험했지만, 하나님이 자신의 필요뿐 아니라 다른 사람들의 필요까지도 채워 주시는 분임을 확신했다. 그는 상대적으로 가난한 교회였던 빌립보 교회의 신자들에게 이렇게 썼다. "내가 궁핍하므로 말하는 것이 아니니라. 어떠한 형편에든지 나는 자족하기를 배웠노니, 나는 비천에 처할 줄도 알고 풍부에 처할 줄도 알아, 모든 일 곧 배부름과 배고픔과 풍부와 궁핍에도 처할 줄 아는 일체의 비결을 배웠노라. 내게 능력 주시는 자 안에서 내가 모든 것을 할 수 있느니라"(빌 4:11-13).

그는 궁핍한 상황뿐 아니라 풍족한 상황에 처하는 법도 배웠기 때문에, 계속해서 사람들에게 이렇게 말할 수 있었다. "나의 하나님이 그리스도 예수 안에서 영광 가운데 그 풍성한 대로 너희 모든 쓸 것을 채우시리라"(빌 4:19). 과연 나는 이러한 자족하는 삶의 비결을 배웠을까?

예수님은 마태복음의 조금 더 뒷부분에서 제자들을 향해 염려하지 말라는 말씀을 반복하신다. 이번에는 음식에 대한 필요가 아니라, 그들이 직면하게 될 증오와 박해, 심지어 부모와 친척과 친구들의 손에 죽을 수 있는 가능성을 내다보며 하시는 말씀이다. "몸은 죽여도 영혼은 능히 죽이지 못하는 자들을 두려워하지 말고 오직 몸과 영혼을 능히 지옥에 멸하실 수 있는 이를 두려워하라. 참새 두 마리가 한 앗사리온에 팔리지 않느냐. 그러나 너희 아버지께서 허락하지 아니하시면 그 하나도 땅에 떨어지지 아니하리라. 너희에게는 머리털까지 다 세신 바 되었나니"(마 10:28-30). "너희 머리털 하나도 상하지 아니하리라"(눅 21:18). 주 예수님은 일반적인 것과는 다른 관점으로 죽음을 바라보신다.

예수님은 육체적 죽음에 대한 실제적 두려움을 다루면서, 몸을 죽일 수 있는 사람을 두려워하지 말고 그것을 다른 종류의 두려움으로 대체하라고 말씀하신다. 그 두려움이란 바로 어떤 대가를 치르더라도 하나님께 순종하게 만드는, 그분을 향한 경외심이다. 예수님은 죽음까지 무릅쓰고 그분을 담대히 증언하는 일로 제자들을 부르신다.

이 부분을 쓰면서 나는 위선의 위험을 느낀다. 나는 이 일에 대해 무엇을 알고 있나? 사실 그다지 아는 것이 없다. 예수님에 대한 믿음 때문에 공적인 자리에서 모멸과 냉소를 경험한 적은 있지만, 실제로 육체적 박해의 위험에 처한 적은 없다. 하지만 이 본문에 앞서 나온 구절은 내게 큰 격려가 된다.

> 사람들을 삼가라. 그들이 너희를 공회에 넘겨주겠고 그들의 회당에서 채찍질하리라. 또 너희가 나로 말미암아 총독들과 임금들 앞에 끌려가리니 이는 그들과 이방인들에게 증거가 되게 하려 하심이라. 너희를 넘겨줄 때에

어떻게 또는 무엇을 말할까 염려하지 말라. 그때에 너희에게 할 말을 주시리니 말하는 이는 너희가 아니라 너희속에서 말씀하시는 이 곧 너희 아버지의 성령이시니라.
(마 10:17-20)

나는 어떤 러시아인 신자에게서 강제 노동 수용소에서의 끔찍한 경험을 들은 적이 있는데, 그가 직접적으로 던진 의외의 질문을 잊을 수 없다. "당신은 이런 일을 당해낼 수 없을 거예요. 그렇지 않나요?" 나는 너무 당황한 나머지 어떤 말을 해야 할지 알 수가 없었다. 당황한 나를 보며 그는 환한 얼굴로 이렇게 말했다. "나도 마찬가지였어요. 나는 주님이 이런 종류의 일을 위해 나를 미리 준비시키지 않으셨지만, 그 일이 일어나자 곁에 오셔서 내게 힘을 주시고 전에는 상상도 못 했던 방식으로 그 상황을 헤쳐나가게 하셨다는 걸 알게 됐어요." 정확히 이것이 예수님이 제자들에게 말씀하신 내용이었다. 중대한 순간에 그분이 필요를 채워 주실 것이다. 하지만 일이 일어나기 전에 반드시 그렇게 되지는 않을 것이다.

이것은 매우 난해한 문제이며, 악과 고통이라는 이중 문제와 관련해 이론적으로 제기되는 '만약에' 식의 질문에 쉬운 답은 없다. 나는 나의 작은 책 『코로나바이러스 세상, 하나님은 어디에 계실까?』(*Where is God in a Coronavirus World?*, 아바서원)[18]에서, 결국 우리가 직면하게 되는 질문은 이 같은 문제에 대한 궁극적 해결책을 가진 하나님을 신뢰할 만한 충분한 증거가 있느냐에 대한 것이라고 말했다. 비록 지금은 그 해결책을 우리 눈으로 확인할 수 없을지라도 말이다. 나는 그리스도께서 십자가에서 받으신 고통과 승리의 부활이, 우리가 영광에 이를 때까지 앞으로 나아갈 길을 열어 준다고 믿는다. 그리고 그때 우리는 주님께 직접 질문할 수 있을 것이다.

요컨대, 지금 우리의 개인적인 상황과 관계가 없는 이론적이고 극단적인 문제에 대한 만족스러운 해결책을 찾지 못할지라도, 우리는 우리의 상황 속에서 예수님이 염려에 대해 주신 말씀에 주의를 기울여야 한다. 사실, 일상의 삶 속에서 그분의 말씀에 주의를 기울고 실천하는 것은, 언젠가 일어날지도 모를 극단적 상황에 우리를 준비시키는 것이다.

산상수훈으로 다시 돌아가 보면, 예수님은 처음에는 다소 이상하게 들릴 수 있는 말씀을 하신다. "이는 다 이방인들이 구하는 것이라"(For the Gentiles seek after all these

---

18 London, The Good Book Company, 2020.

things, 마 6:32). 그분이 말씀하신 '이방인'은 기본적으로 하늘에 아버지 하나님이 있다는 사실을 믿지 않는 사람이다. 그런 사람은 의식주에 대한 분명한 욕구가 있고, 그것을 얻기 위해 나가서 일한다. 당신이 길에서 만나는 사람들에게 직접 물어본다면 이 사실을 직접 확인할 수 있을 것이다. 그들에게는 기본적인 필수품을 얻는 것이 일의 일차적 동기다. 그런데 모든 사람이 그렇지 않은가? 우리도 **이 모든 것들을 구하지**(seek after all these things) 않는가? 이 '것들'(things)이라는 표현은 맥길크리스트의 논지를 떠올리게 되는데, 그는 이러한 '**사물들**'(things) 자체에 다소 문제가 있다고 주장한다. 그것들을 구하는 것은 좌뇌의 일이다. 뿐만 아니라, 앞서 살펴보았듯이 그것들에 대한 염려 또한 좌뇌에서 일어난다. 예수님은 우리가 이런 좁은 초점의 사고로부터 그분이 창조하신 더 큰 그림으로 눈을 돌리기를 바라신다.

그래서 예수님은 이렇게 말씀하신다. '이방인들은 …을 구하지만, 너희는 …을 구해야 한다.' 이는 삶의 필수품에 대한 욕구는 이해할 만하고 정당한 것이지만, 예수님의 제자들에게는 그것을 넘어선 다른 우선순위가 있어야 한다는 의미다. 그리고 그 우선순위는 우뇌에 속한다. 제자들은 '**먼저** 그의 나라와 그의 의를 구해야 한다.' 우리가 먹고 마실 음식과 옷을 잊지 않으시는 주님은 이렇게 약속하신다. "이 모든 것을 너희에게 더하시리라." 여기서 예수님은 두 가지를 근본적으로 구분하신다. 하나는 일의 **일차적 동기**이자 목적(혹은 목표)으로서 하나님과의 관계를 발전시키는 것이고, 다른 하나는 일의 **이차적**이지만 여전히 중요한 **동기**이자 결과(혹은 부산물)인 삶을 지속시키는 것들이다.

많은 사람에게 일의 일차적 동기는 의식주와 관련된 물건들을 얻는 것이다. 그러나 예수님의 말씀에 따르면, 그리스도를 따르는 이들에게 일차적 동기는 물질적인 것이 아니며, 그래서도 안 된다. 그들은 우뇌를 작동시키고, 마음과 생각을 사용하여 큰 그림을 보아야 한다. 그리고 **그의 나라와 그의 의를 구해야 한다.**

4. 말씀의 의미는 무엇인가?

나라와 통치의 개념에서 율법적 규칙과 규정을 떠올리는 일부 사람들은 이 말씀에 다소 부정적인 반응을 나타낼 수도 있다. 종교적인 사람들에게는 그 개념이 흔히 치명적이고 파괴적인 짐이 되기 때문이다.

하나님의 나라는 분명히 그리스도의 통치를 수반하지만, 그것은 폭압적 통치가 아니다. 그것은 율법적·종교적 노예 제도와는 정반대이다. 예수님의 설명을 들어 보자. "수고하고 무거운 짐 진 자들아, 다 내게로 오라. 내가 너희를 쉬게 하리라. 나는 마음이 온유하고 겸손하니 나의 멍에를 메고 내게 배우라. 그리하면 너희 마음이 쉼을 얻으리니, 이는 내 멍에는 쉽고 내 짐은 가벼움이라 하시니라"(마 11:28-30).

이 독특한 멍에의 의도는 우리에게 짐을 부과하려는 것이 아니다. 그것은 하나님이 우리를 창조할 때 의도하신 것들을 행하고 그분과 관계 맺는 가운데 느끼는 행복과 만족감으로 충만한 삶을 살도록 우리를 자유롭게 하는 것이다. 의와 진실함으로 특징지어지는 그 삶은 주님을 기쁘시게 하는 삶이다.

사례를 하나 들어보겠다. 여러 해 전 그리스도인 청년들의 모임에 참석한 적이 있는데, 한 이십 대 남성이 초대를 받아 자신의 기독교 신앙에 관해 이야기를 나누고 있었다. 그의 이름을 제프라 부르자. 그는 자신이 전기 기술자로서 훈련을 받았다고 했다. 젊은 그리스도인이었던 그는 자신이 얻은 첫 직장이 만족스러웠다. 만사가 순조로울 거라 믿었고, 아무런 걱정이 없었다. 한 달쯤 후 상사가 사무실로 그를 호출하기 전까지는 말이다. 그를 부른 상사는 분명 화가 난 목소리로 이렇게 날카롭게 물었다. "도대체 일을 어떻게 한 건가?" 제프는 당황했다. "죄송합니다. 무슨 말씀이신지 모르겠는데요." "자네는 동료들보다 턱없이 적은 수의 집 배선을 끝냈잖아." "저는 그걸 몰랐습니다." 제프는 말했다. "저는 주어진 시간에 일을 정말 잘 끝냈다고 생각하고 있었거든요. 바다 배선 작업은 각별히 세심하게 주의를 기울여야 하니까요." 그러자 상사가 말했다. "그래. 바로 그게 자네가 잘못한 부분이야. 도대체 바다 밑을 누가 보나?" 제프는 망설임 없이 용기 있게 말했다. "주님이 바다 밑의 배선 상태를 보십니다!" 그는 그 자리에서 해고되었다. 그리고 행복하게도 얼마 지나지 않아 만족스러운 새 직장을 얻었다.

제프는 그런 행동을 통해, 삶에는 고용의 보장보다 더 중요한 어떤 것이 있다는 사실을 보여 주었다. 나는 그 행동이 상사에게 어떤 궁극적 영향을 끼쳤는지는 아는 바가 없다. 하지만 그런 용기 있는 그리스도인의 도덕적 입장 표명은, 종종 그것을 목격하는 사람들이 그리스도에 대한 믿음으로 나아가는 계기가 될 수 있다.

제프의 이야기를 듣고 난 후, 훨씬 나이가 많은 그리스도인으로서 나는 과연 그 정도 수준에 이르렀을까 자신에게 묻곤 했다. 그 젊은 남성은 하나님 나라를 구하라는 예수님의 가르침의 함의를 이해하고 있었다. 물론 그 역시 매달 말에 들어오는 월급이 필요했고 그것을 원했을 것이다. 하지만 그에게 월급은 이차적 동기였다. 그의 일차적 동기는 올바르고 의로운 삶을 살고, 일을 통해 주님과의 관계를 소중히 여기겠다는 결단이었다. 그는 마음과 생각 속에 결코 넘어서는 안 될 선을 그었다. 그리고 화재 위험을 차단할 수 있도록 보이지 않는 바닥 밑의 배선 작업을 수행했다.

내 마음속에는 절대로 넘지 않을 선이 그어져 있을까? 당신의 경우는 어떤가? 다니엘에게는 그 선이 있었던 것 같다. 다니엘 1장에서 그는 왕의 음식과 포도주를 먹고 마심으로써 우상과 타협하기를 거부한다. 그는 선 넘기를 거부했고, 하나님이 그를 영예롭게 하셨다.[19] 우리는 선이 필요하며, 그것이 없다면 넘어지고 말 것이다. 바울이 골로새서 3:23에서 설명한 대로, 우리의 가장 주된 동기는 다음과 같은 것이어야 한다. "무슨 일을 하든지 마음을 다하여 주께 하듯 하고 사람에게 하듯 하지 말라."

혹은 예수님이 마태복음 6장에서 말씀하신 대로 이렇게 기도해야 한다. "하늘에 계신 우리 아버지여 이름이 거룩히 여김을 받으시오며, 나라가 임하시오며…." 이것

---

19 이에 대한 논의는, 내 책 *Against the Flow* (Oxford, Lion-Hudson, 2015)를 보라.

이 바로 하나님 나라를 구하는 것의 의미를 보여 주는 기도다. 우리는 주님의 이름을 거룩히 여기고, 거룩하게 구별해야 한다. 이는 그분이 우리의 행동과 성품의 도덕적 특질을 판단하는 최고의 가치가 되어야 한다는 뜻이다. 그분의 의도는, 우리의 일이 그런 성품을 형성하는 데 중요한 역할을 하고 그럼으로써 그분을 영예롭게 하는 것이다.

여기서 중요한 근본적 원칙은 책임(accountability)의 원칙이다. 모든 상황에서 우리의 태도와 반응을 결정하는 것은 주님께 대한 우리의 책임이어야 한다.

매우 다른 수준의 사례 하나를 살펴보자. 언젠가 최고 직급에 지원한 그리스도인 고위 임원에 관한 이야기를 들은 적이 있다. 인터뷰를 성공적으로 끝낸 그는 그 자리를 제안받고 이를 수락했다. 회의가 끝나고 가장 높은 위원이 다가와 그에게 조용히 말했다. "당연히 자네도 프리메이슨에 가입하겠지?" "아니요, 사양하겠습니다." 그는 조용하지만 단호한 목소리로 말했다. "그렇다면 이 회사에 자네를 위한 자리는 없네." 그는 결국 그 자리를 얻지 못하고 돌아섰다.

그는 사업상의 이익을 위해 야불론(Jahbulon)[20]이라는 기묘한 절충주의적 신에게 입바른 소리를 바치는 유사 비밀결사에 가입할 마음이 없었다. 그의 거절은, 오래전 고린도 같은 도시의 그리스도인들이 사업상의 이익을 위해 수많은 길드 중 하나에 가입하려는 유혹 앞에서 취했던 자세를 따른 것이었다. 그러한 길드의 회원들은 이방의 신들에게 바쳐진 음식을 먹는 의식에 종종 참여했다. 바울은 고린도 교인들에게, 경제적 이익을 얻으려다 보면 영적으로 연루되어 타협할 수밖에 없다고 경고했다.[21]

책임의 원칙을 실천하는 한 가지 방법은, 우리가 처하는 모든 상황에서 스스로 이렇게 질문하는 것이다. '이 상황에서 주님을 기쁘시게 한다는 것은 어떤 의미일까?'

일단 이 원칙을 완전히 이해하고 나면, 우리가 하는 일이 얼마나 중요한지를 깨닫기 시작한다. 이 원칙은 보수를 받는지와 상관없이 모든 일에 적용된다. 기계공, 트럭 운전사, 엔지니어, 건설 근로자, 광부, 간호사, 자녀나 친척을 돌보는 보호자, 청소년 사역자, 주일학교 교사, 목사, 선교사 등 종류는 무척 다르지만, 그들은 모두 일을

---

20 이스라엘의 하나님 '야훼'(Yahweh), 바빌로니아의 신 '불'(Bul) 혹은 '벨'(Bel), 이집트의 신 '온'(On)을 혼합한 것.

21 고린도전서 8장; 고린도전서 10장; 고린도후서 6:14-18.

하는 사람들이다. 그리고 모두가 의식적이고 양심적으로 주께 하듯 자기 일을 해야 한다.

도로시 세이어즈는 이렇게 말한다. "근본적으로, 일이란 살기 위해 하는 것이 아니다. 오히려 인간은 일하기 위해 살아간다. 일은 일하는 사람이 가진 능력이 온전히 표현된 것이다(혹은, 그렇게 되어야 한다). 사람은 일하면서 영적이고 정신적이고 신체적으로 만족을 얻는다. 그리고 일은 사람이 하나님께 자신을 드리는 수단이다."[22]

오스 기니스는 일련의 질문들을 통해 우리가 마태복음 6장의 예수님의 가르침을 적용할 수 있도록 돕는다. "당신은 돈이 당신의 우선순위, 평가, 관계, 시간을 지배하도록 내버려 두는가? 소비 사회가 당신의 욕구를 조종하도록 허용하는가? 아니면, 무엇이든 하나님의 목적을 위해 그리고 그것에 대한 순전한 사랑 때문에 하는가? 당신은 자신의 것을 궁핍한 사람들과 아무렇지 않게 나눌 수 있을 만큼 돈에 대한 염려로부터 자유로운가? 나사렛 예수의 음성을 들으라. 그분의 부르심에 응답하라." 또한 기

---

22 Dorothy L. Sayers, from "Why Work?" in *Letters to a Diminished Church: Passionate Arguments for the Relevance of Christian Doctrine* (Nashville, Thomas Nelson, 2004). 『기독교 교리를 다시 생각한다』(IVP).

니스는 이렇게 경고한다. "소명 의식 없이는 일도 경력도 온전히 만족스러울 수 없다. 그러나 부르시는 분이 없다면 '소명'(calling) 자체는 공허할 뿐이며 일과 다를 바 없다."[23]

그 부르시는 분은 실제로 존재한다. 우리의 삶에서 그분의 통치와 의를 일의 목표로 삼도록 우리를 부르시는 주님이 계신다. 이것은 우리의 일에 진정한 존엄을 부여하는 고귀한 부르심이다. 어떤 일을 하든, 우리는 주님께 책임이 있는 사람으로서 그 일을 해야 한다. 그분의 의를 구하고 더 고상한 도덕적 정직성을 갈망하면서 말이다. 교회에서 도덕적 삶에 대해 배울 수는 있지만, 성품을 발전시키는 주된 장소는 대부분 교회가 아니라(그곳이 자신이 활동하는 주된 장소인 경우를 제외하고) 일터다. 우리는 일터에서 맞닥뜨리는 수없이 다양한 상황 속에서 도전을 받고 그로 인해 여러 감정을 경험한다. 그 속에서 우리는 자신이 받는 평가에 신경을 쓰고, 더 높은 자리로 승진한 사람을 부러워한다. 월급이나 근무 조건에 불만을 느끼기도 한다. 조직을 이끌어야 할 책임에 압도되면서 스트레스를 받거나, 반대로 상사의 요구가 너무 지나치다고 느

---

23 Os Guinness, *The Call*.

낄 수도 있다. 이익을 끌어올리기 위해 도덕적 원칙을 무시해야 한다는 압박을 받을 수 있다. 우리는 불합리한 대우를 받을 수 있고, 실수를 저지를 수 있고, 인수합병을 앞두고 고용 불안을 느낄 수 있으며, 정리해고를 당할 수 있고, 실업을 당하거나 한 번도 직업을 갖지 못할 수도 있다. 그리고 이외에도 무수히 많은 일을 겪을 수 있을 것이다.

이 모든 상황이 우리 성품의 시험대가 된다. 교회의 설교자로부터 인내하라는 말을 듣는 것과, 실제로 배우려는 마음이 없는 학생들로 가득 찬 교실에서 교사로 일하는 현실, 혹은 노조와 협상을 진행해야 하는 고용주, 치매를 앓는 노인이나 장애아를 돌보는 사람의 입장이 되는 것은 전혀 다른 문제다. 일에서 불가피하게 직면하는 수없이 많은 유혹을 이겨 내야 한다는 점은 말할 필요도 없다. 이 모든 상황이 우리에게는 일의 목적, 즉 하나님의 나라와 의를 구하는 것에 마음을 집중시킬 기회가 된다.

카이사레아의 주교 대 바실리오스(330-379)는 일과 기도의 통합이 얼마나 중요한지 명확하게 의식하고 있었다. 그는 이렇게 썼다.

> 그러므로 우리는 일하는 가운데 기도의 의무를 완수할

수 있다. 과업을 수행할 힘을 우리의 손에, 지식을 획득할 명석함을 우리의 지성에 허락하신 그분께 감사하면서…우리 손이 하는 일이 그것의 목적, 즉 하나님의 즐거움을 향해 있기를 기도하면서 말이다.

이 글을 통해 주목해야 하는 것은, 일하면서 하나님 나라를 구한다는 말이 동료들에게 매일 아침 성경 문구를 이메일로 보내거나 공장 내 방송 시스템을 통해 설교해야 한다는 뜻이 아니라는 점이다! 그런 일들은 업무 시간과 시설을 사용하는 규칙에 어긋날 뿐 아니라 사람들에게 불쾌감을 주고 큰 역효과를 불러일으킬 것이다. 핵심은, 그분을 위해 하듯 일하면서 **일 그 자체에서** 하나님의 통치를 구하는 것이다. 왜냐하면 하나님은 우리가 무엇을 하느냐보다 우리가 누구이고 어떤 동기로 일하느냐에 관심이 있으시기 때문이다. 그분은 우리의 성품을 빚어 나가기를 원하신다.

그리고 우리가 그렇게 한다고 해서, 반드시 고난이나 상실 없이 지속적인 성공을 누리게 된다는 의미는 아니다. 그래서 앞서 살펴본 빌립보서 4장에서 바울이 배부름과 배고픔, 풍부함과 궁핍에 처하는 비결을 배웠다고 한 말은 우리에게 큰 도전을 던진다. 나는 정말로 솔직한 수준에서 그와 같은 말을 할 수 있을까?

17세기에 메이플라워호가 신대륙으로 출항한 지 8년 후, 앤 브래드스트리트(Anne Bradstreet)가 당시의 아메리카 식민지를 향해 떠났다. 하지만 그곳에서의 삶은 그녀 자신과 남편 사이먼, 그리고 아이들 모두에게 너무도 혹독했다. 그럼에도 그녀는 시를 쓰면서 위안을 얻었고, 지금도 탁월한 작품성으로 인해 그 시대의 뛰어난 여성 시인으로 평가받고 있다. 말년에 집과 너무도 소중했던 장서들이 화재로 잿더미가 되었을 때 쓴 시에는 하나님을 향한 그녀의 신뢰가 아름답게 빛나고 있다.

> 아무것도 보이지 않았을 때
> 주고 또 취하시는 그분의 이름을 불렀습니다.
> 그분은 이제 내 소유물을 티끌 속에 묻었습니다.
> 그렇습니다. 정당한 일입니다.
> 그것은 그분의 것이요, 내 것이 아니었습니다.

이 시는 하나님에 대한 진정한 신앙을 확인할 수 있는 시금석을 보여 준다. 바울, 그리고 앤 브래드스트리트에게 하나님의 선물은 주어질 수도 떠나갈 수도 있는 것이었다. 선물을 주신 하나님은 전적으로 신뢰할 수 있는 변함없는 분이셨다.

여기서 하나님이 비천한 사람과 그의 일에 관심을 가지신다는 사실은 무척 중요하다. 『하나님의 임재 연습』(The Practice of the Presence of God, 사자와어린양)이라는 책을 통해 깊은 영향력을 끼친 17세기 프랑스 수사 로렌스 형제(Brother Lawrence)를 떠올려 보라. 가난한 집안에서 태어나 많은 교육을 받지 못했기에 사제가 될 수 없었던 그는, 오랫동안 수도원 주방에서 청소와 요리를 했다. 그리고 건강이 나빠지기 시작하면서 수사들의 신발을 수선하는 일을 맡았다. 그런 변변찮은 일에 대해 그는 이렇게 쓰고 있다.

> 우리는 하나님을 사랑하는 마음으로 수행하는 사소한 일들에 싫증을 내서는 안 됩니다. 그분은 그 일이 얼마나 대단한지를 보지 않고, 그 사람이 사랑을 가지고 일하는지를 보시기 때문입니다. 반드시 대단한 일을 할 필요는 없습니다. 나는 하나님을 향한 사랑을 가지고 팬 속의 오믈렛을 뒤집습니다.

우리는 하나님을 사랑하는 너무도 중요한 문제를 제쳐 두고, 일 자체가 얼마나 대단한지에만 집중하기 쉽다.

5. 일과 복음 전도

우리는 대부분 일을 하면서 사람들과 관계를 맺게 된다. 그리고 배타적으로 기독교 신자들과만 함께 하는 일이 아니라면, 일의 영역은 복음 전도를 위한 준비된 장이며 이는 교회 담장 안에서는 전적으로 불가능한 것이다. 하나님은 우리를 동업자들이나 직장 동료들로 이루어진 관계망 안에 두셨고, 우리는 그 안에서 진실하게 살아가고 기회가 있을 때마다 복음에 관해 이야기함으로써 증인이 된다. 우리가 그들과 함께 일하고 있다는 사실은 우리에게 다른 사람들은 가질 수 없는 자격을 부여하며, 하나님은 우리가 그 자격을 그분의 목적을 위해 사용하기 원하신다. 예를 들어, 내가 수학자라는 사실은 다른 사람들에게는 닫혀 있는 복음 증언의 기회를 열어 준다. 나는 많은 사람이 하나님을 믿는 과학자를 보고 흥미를 느끼고 왜 믿는지를 알고 싶어 한다는 사실을 알게 되었다. 사람들이 그런 질문을 던져 오면 나는 기쁜 마음으로 대답하는데, 왜냐하면 이것은 내가 먼저 나서서 사람들에게 내 견해를 설명하려는 시도와 무척 다른 경우이기 때문이다.

옥스퍼드 대학교의 수학과 교수라는 지위로 인해, 나는 기독교의 메시지에 대해 연설하고 토론하고 선포할 수 있는 해외의 다양한 포럼에 초대받았다. 과학 분야가 중요한 권위를 갖고 있다는 사실 덕분에, 내가 비과학 분야에서 자격을 갖췄다면 얻지 못했을 기회를 얻을 수 있었다. 물론 반대로 과학자라는 사실 때문에 내가 얻지 못하는 기회들도 있을 것이다. 우리는 모두 다른 사람들과 달리 자신에게 주어진 지위를 복음 전도의 발판으로 사용할 수 있는 건설적인 방식에 대해 고민해야 한다. 그것이 바로 우리를 향해 하나님이 의도하시는 바다.

그러니까, 우리가 그런 종류의 자격을 갖추고 있다면 말이다. 그러나 대부분의 신자들은 그런 자격을 가지고 있지 않다. 사실 초기의 많은 제자들도 마찬가지였는데, 그런 조건이 복음 증거를 방해하기는커녕 오히려 촉진하는 경우도 많았다. 성전 문 앞에 있던 걷지 못하던 사람을 고친 제자들을 보고 종교 권력자들이 나타낸 반응을 떠올려 보라. "그들이 베드로와 요한이 담대하게 말함을 보고 그들을 본래 학문 없는 범인으로 알았다가 이상히 여기며 또 전에 예수와 함께 있던 줄도 알고"(행 4:13). 하나님의 능력은 인간적 자격의 결여 때문에 제한받지 않는다. 사실 내가 만난 가장 능력 있는 복음 전도자 중 한 명은 어떤 자격도 없었을 뿐만 아니라, 성인이 되어서야 회심하여 글을 읽고 쓰는 법을 배우기 위해 어린아이들과 함께 학교에 다녀야 했다. 하나님은 우리의 자격에 의존하시는 분이 아니다!

이쯤에서 아마도 당신은 이런 질문을 던지게 될 것이다. '그렇다면 인간의 마음 안에서 일하시는 성령보다는 자신의 자격이나 재산을 더 신뢰할 위험이 있지 않을까?' 물론 그런 위험이 있다. 하나님이 아닌 다른 것을 신뢰하는 것은 그것이 무엇이든 우상숭배이며, 이를 피하는 방법은 다음 두 가지를 구분하는 것이다. 즉, 하나는 자신의 자격이나 재산을 신뢰하면서 하나님을 이용하는 것이고(때로 일이 풀리지 않을 때, 당신은 이쪽을 선호할 것이다), 다른 하나는 하나님을 신뢰하면서 자신의 자격이나 재산을 이용하는 것이다.

바울은 매우 뛰어난 사람이었다. 그리고 메시지를 전할 기회를 얻기 위해서라면, 가말리엘의 유명한 엘리트 학교에서 교육받은 전문적인 랍비로서 지닌 자격을 이용하는 데 머뭇거림이 없었다(행 22:3). 그러나 그가 가진 영적 권위의 비밀은 그런 자격을 갖추었음에도 결코 그것을 신뢰하지 않았다는 데 있다. 그가 신뢰한 분은 하나님이었다. 우리는 끊임없이 이 사실을 상기할 필요가 있다. 중요한 것은 자신이 가진 자격을 사용하는 방식이다. 어떤 사람은 지나치게 자신의 자격을 내세우는 나머지 오만한 인상을 풍기고 불쾌감을 불러일으킨다. 어떤 사람은 자격을 사용하기를 너무 꺼리다가 증언할 기회를 놓치기 십상이다. 시간을 내어 자신의 능력과 자격(그것을 가지고 있다면)에 대해 신중히 생각하고, 증언을 위해 그것을 어떻게 사용할 수 있을지 고민해 보는 것은 가치 있는 일이다. 하지만 우리의 확신은 반드시 주님 안에 굳게 뿌리내리고 있어야 한다.

따라서 주께 하듯 일한다는 말의 의미는, 능력이 닿는 대로 성실하게 일할 뿐 아니라 함께 일하는 동료들에게 믿을 만한 방식으로 복음을 증언할 기회를 기도하는 마음으로 탐색할 책임을 갖는다는 뜻이다. 때로는 협력하여 직장 동료들에게 기독교의 메시지를 전할 혁신적 방법을 고안해 낼 다른 그리스도인들이 있을 것이다.

그 결과 영국 사회의 많은 기업과 학교, 대학교, 병원 등에 활동적인 그리스도인 그룹이 생겨났고, 오랜 시간에 걸쳐 효과적으로 복음을 증언해 오고 있다.[24]

---

24 복음 전도에는 특히 두려움과 같은 도전이 수반되기 때문에, 나는 *Have No Fear* (10 of Those, 2020)라는 짧은 책을 쓰기도 했다. 『두려움 없는 복음 전도』(생명의말씀사).

6. 구약 성경의 사례

일의 궁극적 동기와 일의 결과 혹은 부산물 간의 차이를 구체적으로 보여 주는 사례는, 이집트에서 나와 모세의 지도하에 가나안으로 향하는 긴 여정을 시작한 이스라엘의 경험에서 찾아볼 수 있다. 이전의 그들은 이집트의 억압 아래서 보수를 받지 않고 강제 노동을 했다. 아마도 그들은 오랫동안 강제 노동 수용소 같은 곳에서 살며 곡물과 보물을 저장하는 도시들을 건설했을 것이다. 마침내 하나님은 백성들이 그곳을 떠나 자유롭게 그분을 예배할 수 있도록 모세를 통해 파라오에게 도전하셨다. 일련의 강력한 초자연적 표징이 이어지고 유월절을 보낸 후 그들은 모세의 지도 아래 바다를 건너 약속의 땅을 향해 나아갔다.

그들이 떠날 때 하나님은 모세를 통해 '이집트 사람의 물건을 취해' 가지고 가도록 명하셨다. 어쨌거나 그들은 오랫동안 노예로 일해 왔고, 하나님은 그들을 탄압한 이집트인들에게 금과 귀중품을 받음으로써 노동에 대한 보상을 받아야 한다고 말씀하신 것이다. 그래서 그들은 이 '체불 임금'을 받아 떠났다. 은행도, 귀중품을 보관할 금고도 없던 그 시절에 통용된 방식은 금이나 은을 훔쳐 가기 어려운 귀걸이로 만드는 것이었다.

그렇게 광야를 지나던 때, 하나님이 모세에게 시내산으로 홀로 나아오도록 하셨다. 모세가 장막을 떠난 후 돌아올 기미가 보이지 않자, 참을성을 잃은 백성들은 대제사장 아론에게 '신을 만들어 달라고' 요구했다. 그들의 압박을 이기지 못한 아론은 금과 은을 가지고 오라고 명한 후 고대 이방 문화의 조잡한 방식으로 금 송아지를 만들고 이렇게 선포했다. "이는 너희를 애굽 땅에서 인도하여 낸 너희의 신이로다." 그러자 어리석고 완고한 이 백성은 우상숭배에 빠져 그 송아지를 예배했다. 당신을 들어 옮기실 수 있고, 또 그렇게 하실 참된 하나님이 계시는데, 당신이 들고 옮겨야 하는 그 신은 과연 어떤 쓸모가 있겠는가?

이스라엘에게 금과 은은 이집트에서 구원될 때 얻은 하나의 결과물이었다. 그런데 이제 아론은 그것들을 가지고 '신'을 만들었다. 그리고 그들을 부르셔서 자신에게로 이끄신 하나님 대신 그것 자체가 구원의 목적인 것처럼 만들어버렸다. 게다가 그는 이 신이 그들의 구원을 가능케 한 수단이라고까지 말하고 있다.

그것은 비극이었고, 우리는 (문자 그대로!) 한쪽 뇌로 사물을 신으로 만드는 동일한 실수가 오늘날까지 반복되고 있음을 본다. 예를 들어, 기독교가 들어간 곳마다 교육과 건강, 경제의 영역이 번창했지만, 시간이 흐르면서 이것들이 삶의 주된 목적이 되었고 심지어 '구원'의 수단으로 여겨졌다. 그리고 하나님과 기독교는 완전히 잊혔다. 이것이 너무도 안타까운 이유는, 우리가 일하는 진정한 목표와 목적을 잊었다는 뜻이기 때문이다. 다시 한번 우리는 이언 맥길크리스트의 말대로 사물 자체에는 문제가 있음을 마주하게 된다. 더 나쁜 것은, 사물이 우리에게 전횡을 일삼을 수 있다는 사실이다. 사물의 지배에서 해방되기란 쉽지 않은 일이다.

여기에는 또 다른 문제가 숨어 있다. 바로 기독교가 사람들에게 유익을 가져다주고 그들의 삶을 단순하고도 중요한 방식으로 바꾸어 놓았다는 사실이다. 예를 들어, 이전에는 술과 마약을 사던 중독자가 그리스도인이 된 후 그 돈으로 음식을 사게 된 것이다. 복음의 메시지가 가져온 이 같은 결과는 기독교가 진리라는 실제적 증거다.

하지만 이것은 소위 '번영 복음'과는 완전히 다르다. 이 복음을 전파하는 입담 좋은 설교자는 주로 가난한 사람들에게 그리스도인이 되기만 하면 엄청난 부를 얻을 것이라 약속하고, 자신의 부유한 생활을 유지하려는 목적으로 상당한 헌금을 권유하는 것을 빼놓지 않는다. 하지만 예수님도, 바울도, 혹은 초기의 그 어떤 사도들도 그런 종류의 메시지를 전하지 않았다. 유일하게 근접한 인물이 있다면 바로 변절자 유다일 것이다.

그러나 유다 외에도 그런 사람들이 있었으며, 바울은 디모데에게 그들을 두고 다음과 같이 경고한다.

> 마음이 부패하여지고 진리를 잃어버려 경건을 이익의 방도로 생각하는 자들의 다툼이 일어나느니라. 그러나 자족하는 마음이 있으면 경건은 큰 이익이 되느니라. 우리가 세상에 아무 것도 가지고 온 것이 없으매 또한 아무것도 가지고 가지 못하리니, 우리가 먹을 것과 입을 것이 있은즉 족한 줄로 알 것이니라. 부하려 하는 자들은 시험과 올무와 여러 가지 어리석고 해로운 욕심에 떨어지나니 곧 사람으로 파멸과 멸망에 빠지게 하는 것이라. 돈을 사랑함이 일만 악의 뿌리가 되나니 이것을 탐내는 자들은 미혹을 받아 믿음에서 떠나 많은 근심으로써 자기를 찔렀도다. 오직 너 하나님의 사람아, 이것들을 피하고 의와 경건과 믿음과 사랑과 인내와 온유를 따르며 믿음의 선한 싸움을 싸우라. 영생을 취하라. 이를 위하여 네가 부르심을 받았고 많은 증인 앞에서 선한 증언을 하였도다. (딤전 6:5-12)

이 말씀에 비추어, 우리 모두 정기적으로 자신의 삶을 점검하고 다음과 같은 질문을 던질 필요가 있다. '지금, 이 순간 내가 일하는 동기와 목표는 무엇인가?'

 아마도 그 과정에서 가장 중요한 원칙은 다음과 같은 오래된 원칙일 것이다. 바로, 우리가 만약 부를 소유하고 있다면 그 부를 얻을 능력을 주신 분은 하나님이라는 것이다.

> 그러나 네가 마음에 이르기를 내 능력과 내 손의 힘으로 내가 이 재물을 얻었다 말할 것이라. 네 하나님 여호와를 기억하라. 그가 네게 재물 얻을 능력을 주셨음이라. 이같이 하심은 네 조상들에게 맹세하신 언약을 오늘과 같이 이루려 하심이니라. 네가 만일 네 하나님 여호와를 잊어버리고 다른 신들을 따라 그들을 섬기며 그들에게 절하면 내가 너희에게 증거하노니 너희가 반드시 멸망할 것이라. 여호와께서 너희 앞에서 멸망시키신 민족들같이 너희도 멸망하리니 이는 너희가 너희의 하나님 여호와의 소리를 청종하지 아니함이니라. (신 8:17-20)

생각해 보기 _____

1. 당신이 보기에 사람들이 일하는 가장 보편적인 동기는 무엇인가? 당신의 동기는 무엇인가? 소망하는 바가 아닌 솔직한 마음을 말해 보라.

2. 일하지 못하는 사람들의 마음을 헤아리고 있는 성경 구절이 있는가?

3. 당신이 실직 경험이 있거나 현재 실직 상태라면, 이 상황을 헤쳐나가는 데 어떤 것이 도움이 되었고 또 어떤 것이 도움이 되지 않았는지 말해 보라.

4. 당신의 일과 미래와 관련해 어떤 것에 염려를 느끼는가?

5. "너희가 하나님과 재물을 겸하여 섬기지 못하느니라."— 하지만 우리는 하나님을 섬기면서 재물을 이용할 수 있고, 반대로 재물을 섬기면서 하나님을 이용할 수 있다. 이에 대해 논해 보라.

6. 당신이 일을 하면서 경험한 바를 가지고 "먼저 그의 나라와 그의 의를 구하라"는 말씀의 의미에 대해 논하라.

7. 앞의 내용에 비추어, 당신은 야망을 어떻게 생각하는가? 야망은 언제나 좋은 것인가? 사례를 들어 설명해 보라.

8. 일은 어떻게 성품을 형성하는가? 당신의 경험을 가지고 이에 대해 논해 보라.

9. 함께 일하거나 일하면서 만난 사람들에게 복음을 전할 기회가 있었다면 그 경험을 나누어 보라.

3.
하나님 나라를 찾는 어부

어부 베드로

초기 제자들은 일하면서 먼저 하나님 나라를 구하는 것을 배워야 했다. 그들이 하는 일은 다양했다. 어부들이 있었고, 세리, 정치활동가도 있었다. 그리고 예수님은 목수셨다. 예수님이 부르실 당시 그들은 모두 성인이었고, 그들이 부름받는 상황을 통해 우리는 일에 대한 성경적 이해와 관련해 더 깊은 통찰을 얻을 수 있다. 누가는 어부였던 시몬 베드로와 그의 동료들에게 일어난 일을 기록하고 있다.

무리가 몰려와서 하나님의 말씀을 들을새 예수는 게네사렛 호숫가에 서서 호숫가에 배 두 척이 있는 것을 보시니 어부들은 배에서 나와서 그물을 씻는지라. 예수께서 한 배에 오르시니 그 배는 시몬의 배라. 육지에서 조금 떼기를 청하시고 앉으사 배에서 무리를 가르치시더니 말씀을 마치시고 시몬에게 이르시되, 깊은 데로 가서 그물을 내려 고기를 잡으라. 시몬이 대답하여 이르되, 선생님 우리들이 밤이 새도록 수고하였으되 잡은 것이 없지마는 말씀에 의지하여 내가 그물을 내리리이다 하고, 그렇게 하니 고기를 잡은 것이 심히 많아 그물이 찢어지는지라. 이에 다른 배에 있는 동무들에게 손짓하여 와서 도와달라 하니, 그들이 와서 두 배에 채우매 잠기게 되었더라. 시몬 베드로가 이를 보고 예수의 무릎 아래에 엎드려 이르되, 주여 나를 떠나소서 나는 죄인이로소이다 하니, 이는 자기 및 자기와 함께 있는 모든 사람이 고기 잡힌 것으로 말미암아 놀라고 세베대의 아들로서 시몬의 동업자인 야고보와 요한도 놀랐음이라. 예수께서 시몬에게 이르시되, 무서워하지 말라 이제 후로는 네가 사람을 취하리라 하시니, 그들이 배들을 육지에 대고 모든 것을 버려 두고 예수를 따르니라. (눅 5:1-11)

이것은 갈릴리 호수에서 일하던 어부들에 관한 이야기다. 그들은 배 두 척을 가지고 밤새워 일하다 이제 해변에 배를 정박한 상태였다. 어부들이 호수에서 그물을 씻고 있는데, 예수님이 배 한 척의 소유자인 시몬에게 배를 해변에서 조금 떨어뜨려 달라고 요청하셨다. 그 배를 설교단으로 사용하기 위해서였다. 누가는 예수님이 어떤 설교를 하셨는지에 대해서는 기록하지 않는데, 그의 이야기는 설교가 끝난 후에 일어난 일에 관한 것이다. 예수님은 시몬에게 더 깊은 곳으로 가서 그물을 내려 고기를 잡으라고 말씀하신다.

시몬은 그 이상한 지시에 분명 놀랐을 것이다. 어쨌든 그는 숙련된 어부였고, 고기잡이는 밤에 해야 하는 일이기 때문이다. 게다가 그와 동료들은 밤새도록 일하고서도 한 마리도 잡지 못한 채 돌아온 상황이다. 그런데 목수인 예수님이 도대체 이 일에 대해 얼마나 아시겠는가? 하지만 이미 회심한 시몬은 그 생각을 직접적으로 말하지는 않는다. 대신, 그런 생각을 넌지시 드러낸다. 날이 밝은 지금 고기를 잡으려 해 봐야 소용없는 일이라고 말이다. 하지만 그런 의구심에도 불구하고 시몬은 머뭇거리며 이렇게 말한다. "**말씀에 의지하여** 내가 그물을 내리리이다."

베드로의 말은, 그가 그물을 내리는 유일한 이유는 예수님이 명령하셨기 때문이라는 의미다. 잡을 물고기가 한 마리도 없을 거라고 믿었기에 그물을 내릴 생각이 없

3. 하나님 나라를 찾는 어부

었던 그는, 그저 예수님의 말씀에 순종했다. 우리가 아는 한, 이날은 그가 생애 처음으로 고기를 잡기 위해서가 아닌 왕이신 그리스도의 말씀 때문에 일을 하러 간 날이었다. 그는 삶 속에서 그리스도의 나라의 통치를 구하고 있었던 것이다.

그 결과는 압도적이었다. 갑자기 엄청난 양의 고기로 가득 찬 그물이 찢어져 다른 배에 있던 동료들의 도움을 구해야 했고, 그러고 나서도 엄청난 무게 때문에 배 두 척이 가라앉을 지경이었다. 이때 베드로의 반응이 주목할 만하다. 그는 예수님 앞에 무릎을 꿇고 이렇게 말한다. "주여, 나를 떠나소서. 나는 **죄인**이로소이다."

베드로가 자신의 죄를 깨달은 것은 교회 예배 중이나 방금 들은 설교를 통해서가 아니었다. 그것은 자신의 일터에서 일어난 일이었다. 그는 예수님이 누구시고 어떤 권능을 가지고 계신지 알아보지 못한 자신의 무능력을 감지했다. 그는 자신은 전혀 알지 못했던 큰 그림이 계시되는 상황 앞에서 압도되었다. 그는 자신이 철저히 모자란 존재, 죄인임을 자각했다.

우리 역시 일터에서 죄를 깨닫게 될 수 있다.

이 극적인 경험은 베드로와 그의 동업자들인 야고보와 요한에게 전환점이 되었다. "이는 자기 및 자기와 함께 있는 모든 사람이 고기 잡힌 것으로 말미암아 놀라고 세베대의 아들로서 시몬의 동업자인 야고보와 요한도 놀랐음이라. 예수께서 시몬에게 이르시되, 무서워하지 말라 이제 후로는 네가 사람을 취하리라 하시니, 그들이 배들을 육지에 대고 모든 것을 버려 두고 예수를 따르니라"(눅 5:9-11).

그들은 매일 하는 일을 통해 예수님께 순종하는 법을 배우면서, 예수님이 지시하시는 새로운 곳으로 나아갈 준비가 되었다. 그리고 하던 일을 내려놓고 예수님 가까이에서 일하도록 부름받았다.

이 이야기는 우리가 잘 이해하고 실천하기만 한다면 우리의 일에 새로운 깊이와 의미와 목적을 더해줄 수 있는 변혁적 원칙을 담고 있다. 그것은 바로 "말씀에 의지하여…"라는 고백이다. 여기서 독자들과 나 자신에게 이런 사적이고 직접적인 질문을 던지고 싶다. '주님이 우리를 그곳에 보내신다는 살아 있는 감각을 가지고 일터로 간 것은 언제가 마지막이었나?'

그렇게 할 수 있는 방법은 매일 하루를 시작하기 전에 잠시 멈추어 이렇게 기도하는 것이다. '주님, 이제 일하러 갑니다. 저는 이 일이 주님께서 제게 주신 목적이 있는 일임을 믿습니다. 오늘 제가 이 일을 의롭고 양심적으로 해내기 위해 애쓰는 동안, 제 삶을 다스리시는 주님의 통치에 대해 배울 수 있게 도와주십시오.' 리코 타이스(Rico Tice)는 사람들에게 다음과 같은 말을 스스로 되뇔 것을 조언하는데, 이 말에도 그 기도의 핵심이 잘 담겨 있다. '오늘은 위대한 날이다. 왜냐하면 하나님이 나를 위해 계획하신 날이기 때문이다. 그리고 만약 오늘이 하나님께 좋은 날이라면 나에게도 좋은 날이다.' 그리고 그는 이어서 바울을 인용한다. "우리가 알거니와 하나님을 사랑하는 자 곧 그의 뜻대로 부르심을 입은 자들에게는 모든 것이 합력하여 선을 이루느니라"(롬 8:28). 이것이 바로 리코가 말하는 '구원의 중간 시제'를 살아내는 일이다. 구원은 다음과 같이 세 개의 시제로 이루어진다. (1)과거: 나는 구원받았다(칭의). (2)현재: 나는 구원받고 있다(성화). (3)미래: 나는 구원받을 것이다(영화). 우리의 하루는 하나님의 손 안에 있다. 그러므로 우리는 그분의 영광을 위해 이 하루를 살아가야 한다.

이런 방식으로 하루를 준비하면 하나님이 일하시리라는 기대가 생기고, 하루 중에 일어나는 일에 대한 영적인 민감성도 늘어난다.

예를 들어, 나는 교사로 일할 때 수학 과제를 채점하는 일이 매우 잦았다. 때로는 학생들이 (능력이 없는 것이 아니

라) 노력을 기울이지 않은 것을 보며 기겁할 때가 있었다. 한번은 그 정도가 어느 때보다 심하다고 느낀 날이 있었고, 문제의 학생을 만나게 될 교실에 들어가기 전에 이렇게 기도를 드렸다. "말씀에 의지하여…." 나는 그 학생 앞에 그가 낸 과제를 내놓았고, 날카롭고 비판적인 말 대신 이런 말을 했다. "음, 나는 지금까지 자네에게서 이런 심각한 상태의 과제를 본 적이 없네. 내가 무슨 말을 하기 이전에, 혹시 이 상황을 설명할 수 있는 이유가 있는지 말해주겠나?" 그 학생은 눈시울을 붉히며 말했다. "아버지가 어젯밤에 늦게 들어오시더니, 엄마를 마구 때리면서 엄마와 헤어질 거라고 소리를 지르고 나가 버렸어요. 이제 저는 충격 받은 엄마를 돌봐야 해요. 죄송합니다…."

나는 그 학생에게 부당한 비난을 쏟아냄으로써 상황을 더 나쁘게 만들지 않도록 내 행동을 막아 주신 주님께 감사를 드렸다. 그뿐만 아니라, 내가 부드럽게 반응한 덕분에 이후 그 학생이 내게 대화를 청해 왔고, 우리는 그런 상황에서 그리스도께서 어떤 자원을 제공해 주실 수 있는지에 관해 이야기를 나누었다.

그때 나는 인내를 배워야 할 필요가 있었고, 지금도 자주 그렇다. 일은 바로 그것을 위해 우리에게 주어진 것이다. 그리고 당신이 그 과정을 받아들일 준비가 되어 있다면, 그렇게 될 것이다.

일터에서의 도덕성

하나님 나라를 구하는 것과 그분의 의를 구하는 것이 불가분의 관계에 있다는 것은 누구도 부인할 수 없다. 세상에는 보수가 지급되든 그렇지 않든, 도덕적 질문을 불러일으키지 않는 일은 없으며, 그것은 대게 즉각적으로 혹은 차후에 드러나게 된다. 앞에서 사례로 든 제프의 이야기에서 상사의 도덕적 타락이 표면으로 떠오르는 데는 단 며칠이면 충분했다. 도덕적 문제에는 다양한 종류가 있지만, 주로 세 개의 근원에서 발생하는 경우가 많다. 바로 돈, 성, 권력이다. 그리고 일터에서 불의라는 주제는 반복적으로 등장하는데 이에 대해서는 따로 살펴볼 것이다.

돈과 일터

성경에 따르면, 돈이 악한 것은 아니지만 엄청난 악의 뿌리가 된다. 전기 기술자 제프의 경우에 문제가 된 것이 바로 이것이다. 그의 상사는 탐욕스러운 사람이었고, 단기간에 이익을 내려는 욕망 때문에 속임수를 쓸 뿐 아니라 직원들에게도 그것을 강요했다. 하지만 제프는 거부했다. 그가 상사와 같은 방식을 취할 마음이 있었다면 틀림없이 더 많은 돈을 벌었을 것이다. 하지만 그로 인해 도덕적 정직성을 훼손하는 값비싼 대가를 치러야 했을 것이다. 하나님 나라의 관점에서 그것은 결코 그럴 만한 가치가 없다.

이렇게 한번 생각해 보자. 제프의 목표는 삶에서 하나님의 통치를 구함으로써 주님을 영예롭게 하는 것이었다. 상사의 주된 목표는 돈이었다. 제프에게 돈은 일의 결과물이었다. 그래서 그것이 비록 중요하긴 하지만 주님을 영예롭게 하는 것에 비하면 부차적인 문제였다. 제프뿐 아니라 우리가 모두 늘 마주하는 유혹은, 일에 대해 돈으로 주어지는 보상을 절대적인 목표로 만들어 버리려는 것이다. 그리고 도덕적 원칙을 무시함으로써 하나님이 애초에 그 일을 우리에게 맡기신 전체적인 이유를 잊어버리는 것이다.

얼마나 많은 액수의 돈이 관련되어 있든, 원칙은 변하지 않는다. 기독교 신앙을 가진 최고재무책임자가 임원으로부터 '장부 조작'을 통해 세무 당국에 내야 할 합법적 세금을 효과적으로 빼돌려서 주주 가치를 높이라는 압박을 받을 수 있다. 이를 거부한다면 일자리를 박탈당

할 수 있고 생계유지가 불안한 미래를 맞닥뜨려야 할 것이다. 이런 결정을 앞두고 필요한 것은, 하나님의 관심은 무엇보다 그의 변함없는 정직함에 있다는 점을 기억하는 것이다.

권력과 일터

창세기에 따르면 최초의 인간은 동산지기였고, 하나님의 통치와 의를 무시하려는 유혹에 직면한 것도 동산이라는 일터에서였다. 그 유혹은 동산에서 나는 생산물과 관련되어 있었다. 하나님은 그들에게 모든 나무에서 열리는 열매를 자유롭게 먹어도 되지만 선악을 알게 하는 나무의 열매만은 먹어서는 안 된다고 말씀하셨다. 만약 그 열매를 먹는다면 그들은 반드시 죽게 되어 있었다. 하나님의 대적이 이에 가장 처음으로 반격한 방식은 하나님이 말씀하신 내용에 의문을 제기하는 것이었다. "하나님이 참으로 너희에게 동산 모든 나무의 열매를 먹지 말라 하시더냐?" 그리고 그 말씀을 부정하기 위해 이렇게 말했다. "너희가 결코 죽지 아니하리라. 너희가 그것을 먹는 날에는 너희 눈이 밝아져 하나님과 같이 되어 선악을 알 줄 하나님이 아심이니라." 그 열매는 먹음직스러웠고, 하나님이 주신 미적 감각을 만족시켰으며, 게다가 지혜를 줄 것처럼 보였다. 하나님의 대적은 그들이 권력을 행사할 것을 부추겼다. 그리고 그 세 가지 유혹의 힘은 하나님의 경고의 음성을 덮어 버리기에 충분했다. 그들은 열매를 따고, 먹고, 죽었다(처음에는 육체적 의미의 죽음이 아니었으며, 그것은 나중에 일어날 일이었다). 그때 일어난 일은 삶에서 가장 중요한 창조주와의 관계가 파열되고, 끔찍한 죄책감으로 인해 그때까지 그들의 친구이셨던 분으로부터 도망하게 된 것이다. 그것은 영적 죽음이었다.

이 이야기는 종종 하나님이 인간의 지식 습득을 반대하신다는 뜻으로 오해되곤 한다. 지식은 권력이고, 따라서 하나님이 대부분의 독재자처럼 인간을 억압하고, 그의 주도권을 짓밟아, 잠재력을 충분히 발전시키지 못하도록 하셨다는 것이다. 이런 관점은 하나님의 이름에 대한 모독이다. 사실 금지된 열매는 **지식**을 주는 나무가 아닌, **선악을 알게 하는 나무**에서 열리는 것이었다. 그리고 이 차이는 매우 중요하다. 후자는 일반적인 지식이 아니라 바람직하지 않은 특정한 종류의 지식을 나타낸다. 전후 문맥에 비추어 볼 때 하나님은 지식을 얻는 일을 반대하지 않으셨다. 사람들이 살았던 동산과 주변 환경은 지식을 얻을 수 있는 가능성으로 가득 차 있었고, 하나님은 그들이 바로 그 일을 하도록 격려하셨다. 그들은 그곳에서 마음껏 일하고 탐험할 수 있었다. 그들은 강을 탐험하면서 그 강이 어디까지 이르는지를 알아낼 수 있었다. 광물 자원을 개발하고, 동물들에게 이름을 붙여 줄 수도 있었다.

선악을 알게 하는 나무가 그곳에 있었던 것은 매우 특별하고 중요한 이유 때문이었다. 그것은 인간을 억압하기 위해서가 아니라, 도덕적 존재로 성장할 능력을 부여함으로써 인간을 존엄하게 만들기 위해서였다. 이를 위해서는 두 가지가 필수적이다. 첫째, 어느 정도의 자유다. 그래서 그들은 모든 나무에서 열리는 열매를 먹을 수 있었다. 둘째, 그 자유에 대한 도덕적 제한이다. 그래서 특정한 나무에서 열리는 열매는 먹는 것이 금지되었다.

자유가 없는 존재는 더는 인간이라 할 수 없다. 그런 존재는 로봇이나 자동장치처럼 프로그램에 따라 행동이 결정되기에 아무런 도덕적 의미를 갖지 않는다. '도덕적 품성'은 그런 존재에게 무의미한 단어이며, 사실상 자동장치에게는 모든 것이 무의미하다.

이 문제에 대해 잠시만 생각해 본다면, 우리는 최초의 인간에게 도덕성은 하나님의 말씀에 의해 규정되었음을 떠올릴 수 있다. 인간에게 식욕과 미적 감각과 지혜를 얻으려는 갈망을 주신 것은 하나님이었다. 그 모두가 선하고, 심지어 놀라운 것이었다. 이때 교묘한 유혹이 다가왔는데, 바로 하나님의 말씀에 순종하다가 무언가를 놓치고 있을지도 모른다는 생각이었다.

이 유혹이 제시된 것은 하나님이 인간의 필요를 넘치도록 채워주시는 환경 안에서였다. 인간의 실패는 고통이나 결핍 때문이 아니었다는 말이다. 더욱이 이 최초의 유혹은 일터에서 일어났고, 이는 매우 흔한 일이다. 집, 공장, 농장, 광산, 상점, 건설 현장, 사무실을 가리지 않고, 삶에 영향을 끼치는 도전을 맞닥뜨리는 곳은 우리가 일하는 일터다. 예를 들어, 권력 게임이 쉬지 않고 일어나며, 남녀 모두 좀 더 높은 자리에 오르기 위해 인간 행위를 규제하는 (하나님의 법에 기초한) 보편적 기준을 무시하고 싶은 유혹에 상시로 노출된다. 그래서 동료를 교묘하게 깎아내리고, 이따금 하얀 거짓말을 슬쩍 집어넣고, 일의 부산물을 목표로 설정하는 일들이 빈번히 일어난다.

그러나 그리스도인은 달라야 한다. 그리스도인은 일하는 가운데 하나님의 통치를 구함으로써 사회의 소금과 빛으로서 행동해야 한다. 그래서 이 사회가 부패하지 않도록 보호하고, 그리스도 안에서의 충만한 삶으로 나아가는 길을 보여 주어야 한다. 이는 복음의 진리를 증언하는 매우 효과적인 방식이다. 하지만 그렇다고 해서 신자가 일터에서 권력과 권위를 행사할 수 없다는 뜻은 결코 아니다. 사실 성경에는 그렇게 권력을 행사했던 사람들의 주목할 만한 사례들이 담겨 있는데, 아브라함, 요셉, 다윗, 느헤미야, 다니엘 등이 그런 사람들이다. 그리스도인 지도자로서 사람들을 위해 권력을 행사하고 정직성의 측면에서 좋은 역할 모델이 되는 것은 엄청난 특권이다.

해외에서 오랜 기간 선교사로 일했던 의사를 만나 어떻게 기독교 신앙을 갖게 되었는지를 물어본 적이 있었다. 그는 의사로서 일을 시작하던 초기에 같은 병원에서 근무하던 한 간호사 이야기를 들려주었다. 그 간호사는 언제나 쾌활했고, 늘 사람들에게 도움을 주고, 어떤 압박 아래서도 평온을 유지하는 모습이었다고 한다. 궁금증이 생긴 그는, 어느 날 교대 근무가 끝난 시간에 그녀에게 다가가 그토록 다르게 살 수 있는 이유가 무엇인지를 물었다. 그리고 돌아온 답은 '예수 그리스도'라는 단순한 두 개의 단어였다. 그는 기독교 배경에서 자란 사람이 아니었지만, 이 두 단어는 계속 머리에서 맴돌았다. 그래서 결국 폭우가 쏟아지던 어느 날 아무도 자신을 알아보지 못하기를 바라는 마음으로 서점으로 달려가 성경책 한 권을 샀다. 그리고 그 책을 읽으면서 그리스도인이 되었다.

그 간호사는 일터에서 소금과 빛 같은 존재였다. 그녀

가 그것을 알았든 몰랐든, 그녀의 태도와 말 한마디가 한 의사가 평생에 걸친 선교적 삶을 시작할 수 있도록 이끌었다.

성과 일터

성은 하나님이 주신 경이롭고도 소중한 선물이다. 성은 하나님이 창조하셨고 또 너무도 소중하기 때문에, 그분은 성경을 통해 창조주의 사용 설명서를 주셨다. 즉, 이 선물이 최대한의 즐거움과 만족을 줄 수 있도록 사용하는 방법을 우리에게 주셨다. 우리는 새 자동차를 샀을 때 제조사의 사용 설명서를 무시하거나 시속 110킬로미터로 달리는 중에 후진 기어를 넣는 것은 어리석은 짓임을 잘 알고 있다. 그러다 변속기가 완전히 망가지는 것은 불 보듯 뻔한 일이다.

자동차에 딸려 온 설명서는, 차를 타면서 누릴 수 있는 즐거움을 억누르기 위해서가 아니라 오히려 즐거움을 증가시키기 위해 만들어진 것이다. 그리고 성경은 하나님이 우리의 삶과 관계에 관해 쓰신 설명서이고, 이 역시 즐거움을 억누르는 것이 아니라 증가시키기 위한 것이다. 성은 매우 강력한 구동장치이고, 그 강력한 엔진을 정확하게 다루지 못하면 우리는 산산조각이 나고 말 것이다. 성경은 결혼이 성의 올바른 맥락이라고 말한다. 그것은 하나님이 우리의 즐거움을 망치려 하시기 때문이 아니다. 그와 반대로, 하나님은 우리가 자신과 타인을 망치는 것을 금하고자 하신다.

수많은 남녀가 직장에서 더 젊고 정력이 넘치고 매력적인 사람을 만나면, 결과에 대한 깊은 고민 없이 우리가 완곡하게 '불륜'이라고 부르는 관계에 빠져든다. 그럼으로써 자신의 결혼 관계 및 가족의 삶과 다른 사람들의 삶까지 산산조각이 난다. 약탈적인 상사들은 젊은 직원들에게 성관계를 맺는 대가로 보상이나 승진을 약속하기도 한다. 교회나 자선단체 등의 신뢰받는 자리에 있는 사람들이 입에 담지 못할 끔찍한 아동 학대 행위를 저지른다.

영국의 전 수석 랍비 임마누엘 야코보비츠(Emmanuel Jakobovitz)는, 결혼생활의 불성실로 인해 이 사회가 치러야 할 대가가 헤아릴 수 없이 크다고 말한다. 특히 수백만 명의 아이들이 부모의 애정 어린 돌봄이 사라진 도덕적 황무지에서 자라고 있다는 점에서 그렇다. 그는 이렇게 썼다. "그런 아이들이 쓰라리고 외로운 마음을 가진, 때로는 폭력적인 시민이 되어 반사회적 구성원의 대열에 합류하는 것은 이상한 일이 아니다." 하지만 인간의 성적 충동은 너무나 강력해서, 어떤 이들은 그로 인해 발생할 대가를 전혀 계산하지 않는다.

기독교 블로거이자 정치 분석가 존 웨슬리 리드(John Wesley Reid)는 삶의 전반에 적용할 수 있는 기억에 남을 만한 직접적이고도 실제적인 조언을 했다. "정당하지 않은 일로 장난치고 빠져나가는 짓은 그만두고, 그리스도를 통해 얻은 거룩함을 견지하라."

바울은 그것을 이렇게 표현한다. "또한 너는 청년의 정욕을 피하고 주를 깨끗한 마음으로 부르는 자들과 함께 의와 믿음과 사랑과 화평을 따르라"(딤후 2:22). 한번은 소년 시절에 평원을 한적하게 걷다가 갑자기 거대한 황소 한 마리를 발견한 적이 있었는데, 이 경험은 나에게 피한다는 것의 의미를 확실하게 가르쳐 주었다! 내가 피한 이유는 황소가 위험하기 때문이었다. 하지만 황소가 우리를 유혹하지는 않는다. 반면 부도덕은 우리를 유혹하고, 훨씬 더 위험하다. 피하는 것만이 유일하게 지혜로운 선택이다.

일터와 가정에서 이와 같은 고결함을 유지하는 것은 세상 속에서 복음을 증언하는 강력한 도구가 된다. 너무나 많은 사람이 진정한 사랑과 애정과 안정이 결여된 역기능 가정에서 자라고 있는 이 세상 속에서 말이다. 그리스도인 부부들은 그리스도께서 가정을 위해 무엇을 하실 수 있는지를 보여 줌으로써 사람들을 복음으로 이끌 수 있는 특권과 책임을 가지고 있다.

요셉의 사례[25]

창세기에는, 일터에서 직면한 성적 유혹에 저항했던 요셉이라는 젊은 남성에 관한 유명한 이야기가 나온다. 그는 아버지 야곱의 사랑을 받는 아들이었고, 형들에게는 시기의 대상이었다. 형들은 그를 거의 죽일뻔하다가 이집트에 노예로 팔아 버렸고, 이집트에 간 요셉은 파라오의 경호대장 보디발의 집으로 들어갔다. 요셉은 그곳에서 탁월한 관리 능력을 순식간에 입증해 보임으로써 보디발의 저택을 총괄하는 집사장이 되었다.

요셉은 인간의 생명을 그다지 중요하게 여기지 않던 문화에서 노예의 지위에 있었다. 하지만 그렇다고 해서 그의 형편을, 기독교 사회운동가 윌리엄 윌버포스(William Wilberforce)와 클라팜 공동체가 1833년 노예제 폐지법을 통해 해방한 노예들의 끔찍한 삶과 같은 것이었다고 상상할 필요는 없다. 구약시대에는 주인에게 애정을 가진

---

25 이 단락의 더 자세한 내용은 나의 책 *Joseph: A Story of Love, Hate, Slavery, Power and Forgiveness* (Wheaton, Crossway, 2019)에 실려 있다.

노예들이 주인을 떠나 자유인이 되기보다 남아서 주인을 섬기고 싶다고 말하는 경우들이 있었다는 기록이 있다. 그런 일은 매우 드물었으며, 윌버포스가 맞서 싸웠던 비인간적이고 야만적인 노예제도와는 본질적으로 다른 모습이었다.

하지만 이러한 노력에도 불구하고 여전히 잔혹한 상황에서 말로 표현하기 힘든 고통을 당하고 있는 남성, 여성, 아동 노예들이 존재한다는 것은, 너무나 고통스럽고 안타까운 현실이다. 그 수는 수백만 명에 달하는 것으로 추산되는데, 심지어 가장 '문명화된' 서구 국가들에도 존재한다. 유감스럽게도, 영국에서도 인신매매로 노예가 된 희생자들이 계속해서 발견되고 있다.

요셉은 보디발의 집에서 집사장이 되면서 상당한 자유를 누렸던 것이 분명하다. 보디발은 어떤 사람이 신뢰할 만한 사람이라는 증거가 보이면 기꺼이 그를 신뢰하는 사람이었던 것 같다. 현대적 용어를 사용하자면, 요셉은 대규모 조직의 고위 행정가이자 관리자가 되었다.

보디발은 요셉에 대한 자신의 신뢰가 정확한 것이었음을 금방 알아챘다. 주님이 그의 집에 복을 내리셨고, 보디발은 자기가 먹는 음식 외에는 아무것도 신경 쓸 것이 없었다. 이 부수적인 언급은 창세기 문서의 신빙성을 더해 주는데, 당시 이집트인들은 자기 음식을 까다롭게 관리한 것으로 알려져 있기 때문이다.

요셉의 공적 신앙 증언이 일터에서 이루어졌다는 사실은 눈에 띄는 부분이다. 따라서 이 이야기는 우리가 그리스도인으로서 일과 일터에 대해 가져야 할 태도에 대한 폭넓은 질문과 관련되어 있다.

우리는 앞서 창세기를 개관하면서, 일이 인간 삶의 필요불가결한 부분이 되는 것이 창조주의 의도였음을 살펴보았다. 하나님은 최초의 인간들에게 동산을 관리하는 일을 맡기셨다. 그곳은 그들이 일하면서 하나님과 직접 교제를 누릴 수 있었던 이상적인 일터였다. 하지만 요셉이 보디발의 저택에 집사로 '고용'되었을 때는 그 모든 것이 이미 먼 과거의 일일 뿐이었다. 오래전에 죄가 세상에 들어와 삶의 모든 영역을 손상시켰고, 일은 노역이 되었다. 상황은 더는 이상적이지 않았다. 문자 그대로든 은유적으로든, 땅에서 가시덤불과 엉겅퀴가 자랐다. 그 예시로서 요셉이 처한 상황의 불공정함을 생각해 보라. 하지만 그는, 다른 사람들이었다면 온통 쓰라림으로 가득했을 그 상황 속에서도 존엄과 침착함과 정직함을 유지했다.

하지만 우리는 "여호와께서 그와 함께하셨음"을 기억

해야 한다. 또한 나는 요셉 역시 그 사실을 알고 있었으리라 확신한다. 결과적으로 그의 전체적 태도를 보면, 그가 단순히 보디발을 위해서가 아니라 궁극적으로 하나님을 위해 일했음을 알 수 있다. 이것은 지극히 중요한 원칙이며, 신약성경에서도 이와 동일한 생각이 강조되고 있다. 바울은 이렇게 쓴다. "무슨 일을 하든지 마음을 다하여 주께 하듯 하고 사람에게 하듯 하지 말라. 이는 기업의 상을 주께 받을 줄 아나니 너희는 주 그리스도를 섬기느니라"(골 3:23-24). 이 말씀에서 가장 중요한 표현은 '무슨 일을 하든지'다. 주님은 단순히 우리가 영적인 활동으로 여기는 일뿐 아니라 삶의 모든 측면에 관심을 가지신다. 우리는 일상적인 일들을 그분을 위해서 해야 한다. 그분은 우리가 작업대에서 수행하는 일들에 관심을 두고 계신다. 하나님의 아들 역시 목수였다. 이 말의 의미를 충분히 이해하기 위해, 예수님이 당신에게 직접 오셔서 이런 말을 하신다면 어떤 느낌일지 상상해 보라. '이 일을 나를 위해 할 수 있겠느냐?' 그러면 아마도 당신에게 주어진 특권과 책임에 대한 느낌으로 압도될 것이다. 그분은 정말로 말씀을 통해 우리에게 직접 말씀하시는 분이기에, 우리는 그와 같은 특권과 책임 의식을 가지고 그분께 반응해야 마땅하다.

하나님이 요셉과 함께하셨을 뿐만 아니라 보디발 역시 그 사실을 알고 있었다. 물론 보디발이 그것에 어떻게 반응했는지는 또 다른 문제지만 말이다. 요셉이 일과 그의 상사를 대하는 태도는 하나님을 향한 그의 믿음의 실재를 증언하는 수단이 되었다. 이로 인해 보디발의 신뢰는 더욱 깊어졌고, 기꺼이 그의 재산 관리를 요셉의 재량에 맡기게 되었다. 하지만 그렇게 얻은 신뢰와 자유에는 위험도 함께 따라왔다. 매우 매력적인 이집트 여성이었을 것으로 추정되는 보디발의 아내가 어머니 라헬을 닮아 잘생긴 청년 요셉을 눈여겨보기 시작했다. 단둘이 집에 있는 일이 잦아지면서 그녀는 그에게 추파를 던지기 시작했고, 결국 잠자리로 유혹하기에 이르렀다. 이것은 중대한 성적 유혹이었지만, 나아가 고대 사회에서 권력을 획득할 가능성을 열어 주는 길이기도 했다. 오늘날의 심리학자들이라면 호르몬이 왕성하게 분비되는 젊은 요셉에게 기회를 잡고 그 순간을 즐기라고 조언했을지도 모른다.

하지만 요셉은 그녀의 요구를 거절하고, 거절의 이유를 이렇게 설명한다. "내 주인이 집안의 모든 소유를 간섭하지 아니하고 다 내 손에 위탁하였으니 이 집에는 나보다 큰 이가 없으며 주인이 아무것도 내게 금하지 아니하였어도 금한 것은 당신뿐이니, 당신은 그의 아내임이라. 그런즉 내가 어찌 이 큰 악을 행하여 하나님께 죄를 지으리이까"(창 39:8-9).

하지만 그녀는 단념하지 않고 요셉을 붙잡아 자기 곁으로 끌어당기려고 했다. 그러자 그는 그녀를 억지로 떼어내고 옷을 그녀의 손에 남겨 둔 채 그곳을 떠났다. 우리는 이것이 창세기 3장의 유혹 장면과 유사하면서도 다르다는 것을 단번에 알 수 있다. 3장에서는 아름다운 동산이 있었고, 여기에는 아름다운 저택이 있다. 3장에서 금지된 것은 선악을 알게 하는 나무의 열매로, 여자가 남자에게 주었다. 여기서는 여자가 금지된 열매인 자기 자신을 준다. 한편, 아담은 유혹을 이기지 못했다. 그가 그 열매를 거부할 마음의 준비가 되어 있지 않았던 것은, 그것이 여자를 거부하는 것이었기 때문이었다. 요셉은 유혹에 넘어가지 않고 기꺼이 여자를 거부할 준비가 되어 있었다. 왜냐하면 그녀는 자신의 소유가 아니기 때문이었다. 그녀는 다른 사람의 아내였고, 요셉은 그녀를 취하는 것이 하나님의 말씀을 어기는 일임을 알았다. 그는 선과 악의 차이를 알고, 악을 거부한 것이다.

오직 단둘이고 아무도 보고 있지 않다는 사실은 요셉의 결정에 아무런 영향을 미치지 않았다. 그의 윤리는 상

3. 하나님 나라를 찾는 어부

황에 따라 바뀌는 것이 아니었다. 그는 하나님이 제프의 바다 밑 작업을 보시듯 그를 보고 계심을 알고 있었다. 그에게 하나님의 나라를 구한다는 것은 하나님이 보시기에 옳은 일을 한다는 의미였다. 그는 자신을 주님께 책임을 지닌 존재로 여겼다.

이 경우 요셉은 일터에서 실패를 겪지 않았다. 하지만 아담은 실패했고, 수많은 사람이 계속해서 실패하고 있다. 성경은 이 부분에서 삶이 비극적으로 엉켜 버린 사람들의 사례를 매우 현실적으로 들려준다. 아마도 그중에서 가장 유명한 사람은 다윗 왕일 것이다. 그는 밧세바와 간음을 저질렀을 뿐 아니라, 그녀의 남편을 제거하기 위해 왕이라는 지위(즉, 그의 일터)를 남용했다. 하지만 예언자 나단을 통해 자기 죄를 직면한 다윗은, 시편 51편에서 보듯이 회개하고 하나님의 용서를 받는다.

우리가 다윗과 같은 방식으로 혹은 그와 같은 정도로 넘어지지는 않았겠지만, 우리 역시 죄를 짓는다. 그리고 회개하고 주님께 죄를 고백할 필요가 있다. "만일 우리가 죄가 없다고 말하면 스스로 속이고 또 진리가 우리 속에 있지 아니할 것이요, 만일 우리가 우리 죄를 자백하면 그는 미쁘시고 의로우사 우리 죄를 사하시며 우리를 모든 불의에서 깨끗하게 하실 것이요"(요일 1:8-9). 그리고 일터

혹은 다른 어떤 곳에서든 죄를 짓게 된다면 그 문제를 최대한 빨리 해결하는 것이 좋다. 고백하지 않은 죄는 우리의 양심에 자리를 잡고 삶의 모든 영역, 특히 일터에서의 효과적인 삶을 방해한다. 동료를 찾아가 자신의 잘못을 고백하고 용서를 구하는 데는 용기가 필요하지만, 그러고 나면 엄청난 위안이 찾아올 것이다.

하지만 다윗이든 그 누구든, 죄를 용서받았다고 해서 반드시 죄로 인한 결과를 없애지는 못한다. 다윗은 밧세바의 남편을 다시 살려낼 수 없었다. 죄에는 언제나 결과가 따른다. 예를 들어, 당신이 음주 운전자의 차에 치여 척추가 부러졌고 결국 평생을 하반신마비 상태로 살게 되었다고 생각해 보자. 시간이 흘러 하나님이 은혜를 주시고 운전자가 회개하면, 아마도 당신은 그를 용서하게 될 수도 있다. 하지만 당신은 여전히 하반신이 마비된 채로 살아야 한다. 그 사람은 자신이 입힌 손상을 되돌려 놓을 수 없기 때문이다.

불의와 일터

요셉의 이야기를 통해 더 많은 것을 알 수 있다. 요셉이 훌륭한 도덕적 결단을 내린 후 상사인 보디발이 집에 돌아왔다. 그런데 보디발은 요셉이 자신을 겁탈하려고 했다는 아내의 말만 듣고 그 말을 받아들였다. 성경에는 보디발이 요셉 쪽 이야기에 한 번이라도 귀를 기울였다는 증거가 보이지 않는다. 그는 그저 요셉을 감옥에 가두었다. 요셉은 일터에서 도덕적이고 바른 일을 했다는 이유로 고통받았고, 우리 역시 일터에서 그런 종류의 불의를 경험하지 않으리라는 보장이 없다.

모든 부모가 인정하듯, 아이들의 발달 과정에서 가장 먼저 나타나는 것 중 하나가 공정함에 대한 강한 신념이다. 그리고 이 신념은 나이가 든다고 해서 쉽게 사라지지 않는다. 사실상 대부분의 사람이 삶의 어떤 순간에 자신이 불공정한 대우를 받는다고 느끼고, 일터에서는 이런 일이 매우 흔히 일어난다. 인생이 우리에게 가르쳐 주는 것 하나는, 인생이 공정하지 않고 이 세상에 불공정함이 너무도 심각하게 스며 있다는 사실이다. 우리의 질문은 이런 것이다. '나에게 불공정한 일이 일어날 때 어떻게 반응해야 하는가?' 예를 들어, 열심히 노력했는데 승진 기회는 그저 상급자의 비위 맞추는 일에만 열중했던 동료들이 가져가 버리는 경우가 얼마나 많은가? 우리는 불합리한 결정을 내리는 불합리한 상급자를 그리스도인으로서 어떻게 대해야 하는가? 스스로 방어해야 할까? 자신의 권리를 위해 목소리를 내야 할까? 아니면 그냥 내버려

두는 게 좋을까?

신약 시대에는 로마 제국에서 노동하는 인구의 상당 부분이 노예였다. 그들은 영국과 여러 나라에서 자행된 비인간적 노예 매매의 희생자들과는 전혀 달랐지만, 어쨌든 임금과 권리를 보장받는 피고용인은 아니었다. 어떤 사람들은 힘들고 천한 일을 해야 했고, 한편 어떤 사람들은 교육, 부기, 재산 관리 같은 전문적인 일을 했다.

어떤 노예들은 자유로운 삶을 살 수도 있었다. 하지만 그들 역시 소유주의 재산에 지나지 않았다. 그들은 인간성을 파괴하는 사회악의 희생자였고, 그런 악은 기독교의 가르침에 따라 윌리엄 윌버포스 같은 사람에 의해 언젠가 철폐되어야 했다. 하지만 우리는 신약성경의 어느 곳에서도 노예들에게 그들을 노예화하는 제도에 반란을 일으키라는 메시지를 찾을 수 없다. 성경의 접근 방식은 폭력을 통한 혁명이 아니다. 그렇다고 신약성경이 노예 제도를 비판하지 않는다는 뜻은 아니다. 바울은 '불법한 자와 복종하지 아니하는 자'의 목록에 '인신매매를 하는 자'를 포함하고 있기 때문이다(딤전 1:9-10). 고대 로마 사회에 너무도 깊숙이 스며 있었던 노예 제도를 해결할 수 있는 즉효 약은 없었다. 그러나 기독교의 메시지가 전파되면서, 노예 소유주들과 마찬가지로 노예들 역시 그

3. 하나님 나라를 찾는 어부

메시지에 반응하고 그리스도인이 되었다. 그리고 성경의 어떤 대목에서는 사도들이 노예들을 향해 메시지를 전하기도 했다. 그 말씀들에는 피고용인에게도 명백히 적용될 수 있는 지점이 있고, 따라서 오늘날의 우리 삶에도 적실성을 갖는다.

> 오직 주께서 각 사람에게 나눠 주신 대로 하나님이 각 사람을 부르신 그대로 행하라. 내가 모든 교회에서 이와 같이 명하노라.…네가 종으로 있을 때에 부르심을 받았느냐? 염려하지 말라. 그러나 네가 자유롭게 될 수 있거든 그것을 이용하라. 주 안에서 부르심을 받은 자는 종이라도 주께 속한 자유인이요, 또 그와 같이 자유인으로 있을 때에 부르심을 받은 자는 그리스도의 종이니라. 너희는 값으로 사신 것이니 사람들의 종이 되지 말라. 형제들아, 너희는 각각 부르심을 받은 그대로 하나님과 함께 거하라. (고전 7:17, 21-24)

여기서 바울은 자신의 삶을 규율하는 원칙, 즉 감옥에 갇힌 상황이라 하더라도 자신이 처한 상황에 만족해야 한다는 원칙을 가정에서 일하는 노예들에게 적용한다. 하지만 순전히 수동적인 방식으로 그렇게 해야 하는 것은 아니었다. 자유를 얻을 수 있다면 그렇게 해야 한다고 말한다. 따라서 우리는 이 구절을 두고, 루터가 생각했던 것처럼 하나님이 우리를 다른 일터의 영역으로 부르지 않으신다고 해석해서는 안 된다. 미로슬라브 볼프(Miroslav Volf)는, 하나님이 우리를 일터로 인도하시는 요인들이 일을 해 나가는 과정에서 변화될 수 있기 때문에, 그분은 사람들이 직업을 바꾸도록 인도하실 수 있다고 말한다.

중요한 것은 우리가 '그리스도의 종'으로서 행동해야 한다는 점이다. 이는 믿는 노예가 자신의 주인에게 보이는 섬김의 태도에 반영되어야 하고, 그럼으로써 기독교가 좋은 평판을 듣도록 해야 한다.

> 무릇 멍에 아래에 있는 종들은 자기 상전들을 범사에 마땅히 공경할 자로 알지니 이는 하나님의 이름과 교훈으로 비방을 받지 않게 하려 함이라. 믿는 상전이 있는 자들은 그 상전을 형제라고 가볍게 여기지 말고 더 잘 섬기게 하라. 이는 유익을 받는 자들이 믿는 자요 사랑을 받는 자임이라. 너는 이것들을 가르치고 권하라. (딤전 6:1-2)

종들아, 두려워하고 떨며 성실한 마음으로 육체의 상전에게 순종하기를 그리스도께 하듯 하라. 눈가림만 하여 사람을 기쁘게 하는 자처럼 하지 말고 그리스도의 종들처럼 마음으로 하나님의 뜻을 행하고 기쁜 마음으로 섬기기를 주께 하듯 하고 사람들에게 하듯 하지 말라. 이는 각 사람이 무슨 선을 행하든지 종이나 자유인이나 주께로부터 그대로 받을 줄을 앎이라. 상전들아, 너희도 그들에게 이와 같이 하고 위협을 그치라. 이는 그들과 너희의 상전이 하늘에 계시고, 그에게는 사람을 외모로 취하는 일이 없는 줄 너희가 앎이라. (엡 6:5-9)

상전들아, 의와 공평을 종들에게 베풀지니 너희에게도 하늘에 상전이 계심을 알지어다. (골 4:1)

이 구절들은 믿는 노예가 믿는 주인을 섬기는 경우가 이따금 생길 수 있음을 보여 준다. 이를 오늘날 상황에 적용해 본다면, 피고용인이 고용주와 신앙 안에서 형제자매가 되었다는 사실 때문에 그를 무례하게 대할 수 없다는 점을 기억해야 할 것이다. 안타깝게도 이런 일이 너무 자주 일어나 엄청난 긴장을 일으키는 요인이 되고 있다. 또한 반대로 그리스도인 고용주가 의도적으로 피고용인의 임금을 낮추거나 체불하는 경우도 있다. 이런 슬픈 일은 어느 곳에서든 일어나지만, 기독교 신자가 개입되는 경우는 특별히 더 안타깝다.

사도 야고보는 이런 관행을 신랄하게 비판하고 있다.

> 들으라, 부한 자들아. 너희에게 임할 고생으로 말미암아 울고 통곡하라. 너희 재물은 썩었고 너희 옷은 좀먹었으며 너희 금과 은은 녹이 슬었으니 이 녹이 너희에게 증거가 되며 불같이 너희 살을 먹으리라. 너희가 말세에 재물을 쌓았도다. 보라, 너희 밭에서 추수한 품꾼에게 주지 아니한 삯이 소리 지르며 그 추수한 자의 우는 소리가 만군의 주의 귀에 들렸느니라. 너희가 땅에서 사치하고 방종하여 살육의 날에 너희 마음을 살찌게 하였도다. 너희는 의인을 정죄하고 죽였으나 그는 너희에게 대항하지 아니하였느니라. (약 5:1-6)

만약 그리스도인 고용주가 이와 같은 태도를 갖고 있다면, 자신이 천명한 신앙은 무의미하다. 그들의 행위는 이 땅에서뿐 아니라 하늘에 계신 주인에게까지 알려질 것이다. 이후에 보상의 문제를 다룰 때 보게 되겠지만, 그런 행동은 결코 가치 있는 일이 아니다. 평판은 중요하다.

신약성경에는 바울이 자신의 친구인 빌레몬이라는 사람에게 보낸 한 편의 소중한 편지가 포함되어 있다. 빌레몬에게는 오네시모라는 노예가 있었는데, 그 노예가 도망을 가 버린 상황이었다. 우리는 그가 왜 도망갔는지는 알 수 없다(어쩌면 빌레몬이 그를 불공정하게 대했는지도 모를 일이다). 오네시모는 도망치다가 당시 감옥에 갇혀 있었던 바울을 만났다. 바울은 그를 그리스도께로 인도했고, 빌레몬에게 쓴 편지와 함께 그를 돌려보냈다. 바울은 그 편지에서 오네시모를 더는 노예가 아닌 형제로 받아 줄 것을, 심지어 친구인 바울 자신을 환영하듯 오네시모를 환영해 달라고 부탁하고 있었다. 바울은 빌레몬이 오네시모 때문에 손해를 본 부분을 대신 기꺼이 변상해 줄 의향이 있었다. 이 주옥같은 편지는 현실의 사회 구조에 대한 기독교적 민감성을 보여 줄 뿐 아니라, 비인간적 관행의 기반을 약화하고 마침내 종지부를 찍게 될 살아 있는 씨앗을 그 자체에 내포하고 있었다.

그리고 마침내 예수님이 역사 속에 오셔서 노예들을 직접 만나셨다. 누가는 로마 백부장의 종을 치료하시고(눅 7:1-10), 베드로가 어리석게 휘두른 칼에 귀가 잘린 대제사장의 종을 치료하신(눅 22:51) 예수님의 모습을 기록한다. 하지만 무엇보다 놀라운 것은 고난받으실 때 주님이 보여 주신 본보기이며, 노예든 피고용인이든 혹은 그 누구든 부당한 대우를 받을 때 이를 기억해야 할 것이다. 사도 베드로는 이렇게 말한다.

> 사환들아, 범사에 두려워함으로 주인들에게 순종하되 선하고 관용하는 자들에게만 아니라 또한 까다로운 자들에게도 그리하라. 부당하게 고난을 받아도 하나님을 생각함으로 슬픔을 참으면 이는 아름다우나, 죄가 있어 매를 맞고 참으면 무슨 칭찬이 있으리요. 그러나 선을 행함으로 고난을 받고 참으면 이는 하나님 앞에 아름다우니라. 이를 위하여 너희가 부르심을 받았으니 그리스도도 너희를 위하여 고난을 받으사 너희에게 본을 끼쳐 그 자취를 따라오게 하려 하셨느니라. 그는 죄를 범하지 아니하시고 그 입에 거짓도 없으시며 욕을 당하시되 맞대어 욕하지 아니하시고 고난을 당하시되 위협하지 아니하시고 오직 공의로 심판하시는 이에게 부탁하시며 친히 나무에 달려 그 몸으로 우리 죄를 담당하셨으니, 이는 우리로 죄에 대하여 죽고 의에 대하여 살게 하려 하심이라. 그가 채찍에 맞음으로 너희는 나음을 얻었나니, 너희가 전에는 양과 같이 길을 잃었더니 이제는 너희 영혼의 목자와 감독 되신 이에게 돌아왔느니라. (벧전 2:18-25)

3. 하나님 나라를 찾는 어부

베드로의 가르침은 받아들이기가 매우 힘들다. 정말로 솔직히 말하자면, 이 가르침에는 우리가 본능적으로 좋아하지 않는 요소들이 들어 있다. 하지만 이 말씀은 1세기의 신자들에게 그랬던 것처럼 21세기를 사는 우리에게도 중요하다. 그사이에 상당한 문화적 변화가 일어났음에도 불구하고 말이다. 이 가르침의 중요성은, 우리 대부분이 임금 노동을 하든 자원봉사를 하든 공정하고 선한 리더십뿐 아니라 불의한 관리 체계도 경험하게 되리라는 데 있다.

그렇다면 잘못된 상황에 놓이거나 불공정한 대우를 받을 때, 혹은 동료가 그런 대우를 받는 모습을 볼 때 우리는 어떻게 해야 하는가? 우리는 그리스도인으로서 지혜롭게 행동할 필요가 있다. 우선, 주 예수님은 사람들에 대한 불공정한 취급을 절대로 묵인하지 않고 분명하게 반대하셨다. 가난하고 힘없는 사람들을 야만적으로 착취하던 당대 바리새인들을 향한 그분의 통렬한 비판은 매우 유명하다.[26] 당연히 그런 행동은 바리새인들의 분노를 샀고, 우리 역시 다른 사람들을 위해 목소리를 낼 때 반발을 각오해야 할 것이다.

---

26 예를 들어, 마태복음 23장을 보라.

한편으로, 예수님은 자신에게 비난이 돌아올 때 그것을 묵묵히 참으셨다. "주를 비방하는 자들의 비방이 내게 미쳤나이다"(롬 15:3). 앞의 성경 본문에서 사도 베드로는 이것을 신자들에게 적용한다.

수많은 그리스도인 사상가와 개혁가들 덕분에, 전부는 아니지만 많은 노동자가 일정한 권리를 누리고 불합리한 대우에 저항할 수 있게 되었다. 따라서 이 사람들은 목소리를 내고 스스로 변호할 수 있다는 점에서, 베드로의 수신인이었던 '종' 혹은 '노예'와 같은 상황은 아니라고 볼 수 있다. 결국, 현대 세계에서 우리가 그렇게 할 수 있음에도 목소리를 내거나 행동하지 않는다면, 우리를 불공정하게 대하는 사람들은 우리가 무언가 숨길 것이 있기 때문이라고 생각할 수도 있다. 특히 불공정한 대우가 우리의 도덕적 잘못이나 부적절한 행동과 관련된 비난일 경우에는 스스로 변호하는 것은 무척 중요하다(물론 우리가 죄가 없다는 전제하에). 그리고 우리 자신뿐 아니라 다른 사람을 위해 불의한 상사에게 맞서야 할 때도 많다. 그런 상황에서 철저히 기독교적으로 처신하는 것은 매우 중요하다. 그리고 기억해야 할 것은, 모든 분노가 죄는 아니라는 사실이다!(엡 4:26)

압박 아래서의 리더십—건축자 느헤미야

느헤미야는 일터의 리더십 차원에서 하나님 나라를 구하는 원칙을 잘 보여 주는 성경 인물이다. 그러나 (내가 다른 곳에서 다루었던) 요셉이나 다니엘만큼 잘 알려진 인물은 아닌 것 같다. 그의 이름이 붙은 성경책의 주요한 메시지는, 그가 일하는 가운데 보여 준 하나님을 향한 신실함이었다. 그는 황폐한 예루살렘을 재건하기 위해 큰 공공 건축 프로젝트를 맡은 관리로 임명되었는데, 예루살렘의 상황은 생각보다 심각했다.

느헤미야는 자신을 페르시아 아닥사스다 왕의 술 관원으로 소개하는데, 이는 그가 흠 없는 정직함을 가진 인물이었다는 의미다. 고대 근동에서는 암살을 위해 술에 독을 타는 일이 흔했었기에, 왕의 술을 맡아 관리했다는 것은 그가 절대적인 신뢰를 받았다는 뜻이다. 책을 읽으면서 분명해지는 것은, 그 정직함의 비결이 하나님과의 관계였다는 점이다. 느헤미야는 '주의 이름을 경외하는' 사람이었고, 그러한 경외가 일에 대한 태도를 형성했다.

그는 예루살렘의 성벽이 무너지고 성문이 불탔다는 이야기를 들었다. 그의 마음은 예루살렘에 대한 근심으로 가득 찼고, 왕 앞에서 섬기는 중에도 근심이 얼굴에 드러났다. 느헤미야를 소중히 여겼던 왕은 그가 근심하고 있는 이유를 물었고, 그는 대답했다. 이 대화의 놀라운 결말은, 왕이 비용을 대고 예루살렘을 보수하기로 하고 그 일을 위해 느헤미야를 보냈다는 것이다.

이것은 일의 한 분야에서의 신실함이 다른 분야에서의 기회를 가져다주는 엄청난 가능성을 보여 주는 사례다. 느헤미야는 왕이 제공한 군대의 보호 아래 일을 시작하지만, 이내 이스라엘에 적대적인 부족 지도자들의 반대에 직면한다. 하지만 그는 굴하지 않고 몇 명의 믿을 만한 사람들과 함께 이스라엘이 당한 피해 규모를 밤새 조사했다. 그러고 나서 지역의 유대 지도자들을 불러 모았다.

> 후에 그들에게 이르기를, 우리가 당한 곤경은 너희도 보고 있는 바라 예루살렘이 황폐하고 성문이 불탔으니 자 예루살렘 성을 건축하여 다시 수치를 당하지 말자 하고, 또 그들에게 하나님의 선한 손이 나를 도우신 일과 왕이 내게 이른 말씀을 전하였더니, 그들의 말이 일어나 건축하자 하고 모두 힘을 내어 이 선한 일을 하려 하매. (느 2:17-18)

느헤미야가 우려했던 것은, 예루살렘이 수치를 받고 하나님이 조롱을 당하고 세상 속에서 그분의 명성이 땅

3. 하나님 나라를 찾는 어부

에 떨어져 버렸다는 사실이었다. 느헤미야가 건축을 시작한다는 소문이 삽시간에 퍼지자 조롱하는 움직임도 퍼져 나갔다. 이때 느헤미야의 태도는 베드로의 권고와 완벽하게 일치한다. "너희가 이방인 중에서 행실을 선하게 가져, 너희를 악행한다고 비방하는 자들로 하여금 너희 선한 일을 보고 오시는 날에 하나님께 영광을 돌리게 하려 함이라"(벧전 2:12).

이 새로운 상황 속에서, 이제 느헤미야는 어마어마한 관리 능력을 드러낸다. 공사가 급물살을 타고, 이것이 적들을 위협하는 정도가 되자, 그는 작업을 지시하는 데서 더 나아가 현장 인력 보호를 위한 보안 작전까지 실시했다.

설상가상으로, 그는 그곳의 이스라엘 사람들이 동족을 갈취하고, 빌린 돈을 갚지 못한 사람들을 노예로 만들고 있다는 사실을 알게 되었다. 느헤미야는 격노했지만, 탁월한 지혜로 그런 관행을 공식적으로 비난했다. 연관된 사람들에게 수치를 주어 그런 행동을 그만두게 하기 위해서였다. 심지어 죄책감을 느낀 사람들이 갈취한 것들을 돌려주는 일까지 일어났다. 그리고 마지막으로, 인간의 본성에 대한 통찰력을 가진 그는 관리들이 자신이 약속한 것을 지키겠다고 맹세하게 했다.

이런 일들을 이루기 위해서는 엄청난 도덕적 권위가 필요하다. 그리고 느헤미야는 그것을 해냈다. 무려 12년 동안(이는 그 일이 얼마나 오래 걸렸는지를 보여 준다) 그는 유다 총독으로서 왕으로부터 받아야 할 녹을 받지 않았다.

이전의 총독들은 백성들에게 과중한 세금을 부과하고 억압을 일삼았다. 그러나 느헤미야는 권력을 쥔 사람들에게서 흔히 볼 수 있는 부패한 방식으로 부당 이익을 취하려 하지 않았다. 또한, 그는 시대를 막론하고 가장 귀중한 자산인 땅을 취하기 위해 지위를 남용하지도 않았다. 그는 전임자들보다 훨씬 단순한 생활을 선택했다. 그가 일의 부산물에 탐닉하지 않고 그 일을 지속해 나갈 수 있었던 이유는 다음과 같다. "나는 하나님을 경외하므로 이같이 행하지 아니하고"(느 5:15).

그가 사람들에게 부담을 주지 않기 위해 취한 태도 역시 주목할 만하다.

> 또 내 상에는 유다 사람들과 민장들 백오십 명이 있고 그 외에도 우리 주위에 있는 이방 족속들 중에서 우리에게 나아온 자들이 있었는데, 매일 나를 위하여 소 한 마리와 살진 양 여섯 마리를 준비하며 닭도 많이 준비하고 열흘에 한 번씩은 각종 포도주를 갖추었나니, 비록 이같

이 하였을지라도 내가 총독의 녹을 요구하지 아니하였음은 이 백성의 부역이 중함이었더라. 내 하나님이여, 내가 이 백성을 위하여 행한 모든 일을 기억하사 내게 은혜를 베푸시옵소서. (느 5:17-19)

이는 수 세기 후에 살았던 바울이 보여 준 태도와 정확히 같은 것이다. 권리를 포기하고 자신의 사역을 위한 자금을 스스로 마련하는 태도는, 일터에서 하나님의 의를 구하는 재능 있는 리더의 훌륭한 본보기라 할 수 있다. 그리고 하나님은 그를 영원히 기억하실 것이다.

마지막으로 덧붙이자면, 느헤미야는 건축자이자 공무원이었을 뿐 아니라 예언자이기도 했다. 이 점을 염두에 두고, 이제 다음 장으로 넘어가 보자.

생각해 보기 _____

1. 당신의 삶에서 하나님의 나라와 의를 구한다는 것의 의미를 발견한 적이 있었는지 생각해 보라.

2. 당신은 주님이 당신을 그곳으로 보내신다는 적극적인 의식을 가지고 일터로 가는가?

3. 일터에서 도덕적인 유혹을 받고 그것을 이겨 낸 적이 있는가? 우리는 그런 유혹을 이길 수 있도록 어떻게 서로를 도울 수 있겠는가?

4. 당신은 개인적으로 어떤 영역에서 노력해야 한다고 느끼는가? 도움이 필요하지는 않은가?

5. 요셉의 삶에서 얻은 가장 중요한 교훈은 무엇인가?

6. 당신이 일터에서 경험한 불의에 대해 나누어 보라. 그것은 어떤 문제였고, 당신은 그것을 어떻게 다루었는가? 누군가가 부당한 대우를 받는 것을 볼 때, 어떤 상황에서

개입하는 것이 좋겠는가?

7. 우리는 느헤미야의 리더십에서 어떤 교훈을 얻을 수 있는가?

4.
세속적인가 신성한가?

3장을 시작하면서 다루었던 이야기는 베드로(그리고 그의 동료들)가 새로운 일을 하게 되는 과정을 보여 준다. 그런 전환은 흔히 세속적인 직업에서 전임 기독교 사역(full-time Christian work)으로의 '부르심'으로 묘사되곤 한다. 그런 관념은 명시적으로든 암묵적으로든, 많은 그리스도인 청년들에게 따라야 할 이상으로서 제시되어 왔다. 그리고 자연스럽게 많은 사람이 그리스도인 사이에는 두 부류가 존재한다고 생각하게 되었다. 그중 한쪽은 생계를 위해 일반 직업을 갖고 일하는 사람들이고, 다른 한쪽은 교회나 기독교 단체, 기관 등에서 전임으로 일하는 사람들이다.

여기에는 미묘한 암시가 숨어 있다. 곧, 후자 그룹이 일종의 일류 그리스도인이고, 전자 그룹은 아직 그 수준에 이르지 못한 것처럼 여겨진다는 것이다. 심지어 전자의 사람들에게 후자의 사람들을 재정적으로 지원할 것을 기대하면서도 말이다! 이런 관점은 부분적으로는, 신부와 수사 및 수녀가 되는 것을 농부나 상인이나 주부가 되는 것보다 더 '고귀하고', '거룩한' 일로 여겼던 중세 시대로부터 전해진 것이다. 우리는 이런 관점에 상당한 문제가 있었다는 사실을 깨달아야 한다. 이것은 결혼 금지라는 비성경적 기본 원칙과 연관되어 있었고(지금도 여전히 그러하다), 바울은 디모데전서 4:3에서 이를 단호하게 경고했다.

그 결과 심지어 오늘날에도, 로마 가톨릭뿐만 아니라 다른 곳에서도, '부르심'이라는 단어가 '사역으로의 부르심', '전임 사역으로의 부르심'이라는 맥락으로 쓰이곤 한다. 예를 들어, 어떤 학생은 이렇게 말한다. "나는 최고경영자가 되고 싶었어요. 하지만 하나님은 더 위대한 어떤 일로 나를 부르셨죠....하나님이 나를 전임 사역으로 부르심을 느낄 수 있었어요." 우리는 '도시에서 일하라는 부르심', 혹은 '판매원, 교사, 화가, 음악가, 간호사, 정보통신기술 전문가, 부모 혹은 보호자가 되라는 부르심'이라는 말을 들어 본 적이 없다.

이런 현상은 우리 안에 상당한 긴장을 유발한다. 예를 들어, 언어와 문학에 대한 열정을 가진 어떤 학생이 영어

영문학을 공부하고 학위를 얻었다. 그는 또한 청소년들과 함께 일하기를 좋아하는 신실한 신자이기도 하다. 그가 교회의 지도자에게 학교에서 영어 교사로 일하고 싶은 마음을 표현하자, 그 지도자는 이렇게 말한다. "물론 그 일도 가치 있는 일이죠. 하지만 당신은 재능 있는 청소년 사역자예요. 교회에서 전임으로 일하면서 훨씬 효과적인 삶을 살 수 있을 거예요." 이러한 대답은 그를 더 압박하고, 하나님을 섬기는 것과 교사가 되는 것 사이에 갈등을 일으킨다.

만약 나였다면 학생들에게 영향력을 끼칠 수 있는 영어 교사로서 그가 가진 막대한 가능성에 대해 말해 주었겠지만, 그는 그런 말을 듣지 못했다. 그는 교회와 아무런 연결점을 갖지 못했을 학생들과 관계 맺으면서, 배려와 섬세함을 가지고 자신의 기독교 신앙을 드러낼 것이다. 나였다면 자신이 원하기만 한다면 교사에게 주어지는 휴일을 이용해 기독교 청소년 캠프 같은 곳에 참여할 수 있음을 알려 주었겠지만, 그는 그 사실을 알 수 없었다. 학교에서 교사로 일하면서도 청소년 그룹의 운영을 돕거나 강연과 글쓰기를 하는 것은 얼마든지 가능하다.

마지막으로, 어떤 경우든 그 교회 지도자나 나에게는 그에게 무엇을 하라고 말할 수 있는 권리가 없다. 사도 베드로 역시 이 점을 예수님께 배워야 했다는 점에서, 이는 매우 중요한 교훈이다. 요한복음의 마지막 부분인 21장에서 예수님은 베드로에게 양을 먹이도록 격려하시는데, 그 대화 직후 그가 가장 먼저 발견한 '양'은 요한이었다. 그래서 베드로는 예수님께 묻는다. "이 사람은 어떻게 되겠사옵나이까?" 그분은 단도직입적으로 이렇게 답하신다. "네게 무슨 상관이냐?" 베드로는 양을 먹이는 것과 섬기는 자들을 통제하는 것을 혼동해서는 안 된다는 점을 배워야 했고, 목사들을 포함한 우리 모두 역시 마찬가지다. 역사를 보면, 신앙을 고백하는 기독교 교회는 이 점을 제대로 이해하지 못했고, 오히려 섬기는 자들을 능숙하게 통제해 왔다. 하지만 목자의 직무는 양들을 먹여서 그들을 예수님께로 인도하고, 그럼으로써 그들이 다른 누구도 아닌 주님께 응답하도록 하는 것이다. 사례로 든 이 학생에게 중요한 것은, 다른 누구의 압력이 아닌 오직 주님 앞에서 자신의 직업을 결정해야 한다는 점이다.

다른 사람에게 무엇을 해야 할지를 말해 주는 것은 매우 심각한 일이고, 따라서 자격을 갖춘 사람에게 주어지는 일이다. 바울은 그 필수적인 자격을 다음과 같이 규정한다. "이를 위하여 그리스도께서 죽었다가 다시 살아나셨으니, 곧…주가 되려 하심이라"(롬 14:9). 조금의 과장도 없이 단도직입적으로 말하면 바로 이런 뜻이 되겠다. 우리가 죽었다가 살아나지 않았다면, 다른 사람의 일을 통제하는 것은 꿈도 꾸지 않는 편이 좋을 것이다!

물론 그렇다고 해서 목사나 다른 누군가에게 조언과 지도를 구해서는 안 된다는 뜻이 아니며, 우리는 모두 누군가의 조언이 필요하다. 다만, 그 조언자는 어떤 사람의 삶 속에서 주님의 자리를 대신 차지해서는 안 된다. 반복하자면, 목자의 일은 사람들을 주님께 이끄는 것일 뿐 그들에게 무엇인가를 하라고 말하면서 주님과 그들 사이에 개입하는 것이 아니다. 하지만 히브리서는 우리에게 이렇게 권고한다. "너희를 인도하는 자들에게 순종하고 복종하라. 그들은 너희 영혼을 위하여 경성하기를 자신들이 청산할 자인 것같이 하느니라. 그들로 하여금 즐거움으로 이것을 하게 하고 근심으로 하게 하지 말라. 그렇지 않으면 너희에게 유익이 없느니라"(히 13:17). 그리고 성경을 가르치는 교사가 되기를 갈망하는 이들은 다음과 같은 야고보의 경고에 주의를 기울일 필요가 있다. "내 형제들아, 너희는 선생 된 우리가 더 큰 심판을 받을 줄 알고 선생이 많이 되지 말라"(약 3:1).

교사는 가르쳐야 하고, 교회 지도자는 이끌어야 한다. 하지만 중요한 것은 그들이 리더십을 발휘하는 태도와 방식이다. 즉, 그들의 권위를 규정하는 것은 그리스도를 본받는 삶이다. 바울은 이렇게 쓴다. "내가 그리스도를 본받는 자가 된 것같이 너희는 나를 본받는 자가 되라"(고전 11:1). 만약 당신이 회사에서 일정한 세속적 권위를 갖고 사람들에게 지시를 내리는 자리에 있다면, 두 종류의 권위 사이에서 균형을 맞추기가 쉽지 않을 것이다. 예를 들어, 한 다국적기업의 그리스도인 최고경영자가 교회에 앉아 있다고 가정해 보자. 그는 사역자나 교회 지도자와의 관계를 어떻게 이해해야 할까? 지도자의 권위에 대해 어떤 태도를 지녀야 할까?

'전임' 사역

오랫동안 나는 종종 존경하는 친구들로부터, 이제는 대학교를 떠나 '전임'으로 그들의 단체와 함께 일하지 않겠냐는 선의의 제의를 받아 왔다. 대학교에서 가르치는 일은 당연히 전임이지만, 이 말은 그리스도인들 사이에서 오직 기독교적 활동(가르침, 설교, 목회 등)만을 지칭하는 것으로 통용되어 왔다. 나는 그런 제안을 받을 때마다 이렇게 대답하곤 한다. "그런데 자네의 제안이 너무 늦은 것 같군." 그러면 이런 대답이 돌아온다. "전혀 그렇지 않네. 자네는 지금도 충분히 전임으로 일할 수 있어." 그러면 나는 대답한다. "자네가 뭔가를 잘못 안 것 같네. 사실 나는 오랫동안 전임 기독교 사역을 활동적으로 해 왔거든. 그 일의 한 부분은 수학 교수로서 하는 일이고, 또 다른 부분으로는 아버지로서, 성경 교사로서, 복음의 지적인 변증가로서, 친구로서 하는 일 등이 있지. 이 모든 것이 주님을 위해 하는 일일세. 문제는 자네가 내린 정의인데, '전임 기독교 사역'은 사실 그렇게 성경적인 개념은 아니라네." 가끔 나는 소위 전임 사역이라 불리는 일에 사실상 얼마나 많은 활동이 포함되는지 물어보곤 했는데, 그 결과 그들이 여가라고 불렀을 내 시간에 내가 훨씬 더 많은 사역을 하고 있다는 사실을 알고는 씁쓸했던 적도 있다.

사실 전임 사역이라는 개념은, 시간제 기독교 사역이라는 것이 존재한다는 오해를 불러일으킬 수 있다는 점에서 위험하다. 이는 교회 내에 만연한 인위적인 '성-속 이분법'(Secular-Sacred Divide, SSD)을 강화하게 되고, 궁극적으로는 복음 메시지의 확장에 제약을 가하게 된다. 런던 현대 기독교 연구소(London Institute for Contemporary Christianity)의 소장 마크 그린(Mark Greene)은 이렇게 말한다.

대다수 그리스도인이 지역 교회의 가르침, 설교, 기도, 예배, 목회, 그룹 활동 등에서는 일상에서 하는 일에 대해 실질적인 지원을 얻을 수 없다고 느끼는 것이 바로 이 '성-속 이분법'(SSD) 때문이다. 깨어 있는 삶의 절반을 살아가는 문제에 대해서는 아무런 지원이 없는 것이다. 어떤 교사는 이렇게 말한다. "사람들은 일주일에 한 시간 동안 주일학교 교사로 일하는 나를 예배당 앞으로 한사코 불러내 기도를 해 줍니다. 그 나머지 시간 동안은 전임 교사로 일하는데, 그것을 위해서는 한 번도 기도해 준 적이 없어요. 바로 이것이 모든 걸 말해 주죠."

앞에서 영어 교사가 되기를 원했던 어떤 사람에 관한 이야기를 떠올리며 다음 글을 읽어 보라.

수천 명에 달하는 12세에서 18세의 청소년들이 모이는 수련회에 참석한 한 17세 청소년이 탁월한 성경적 가르침에 고무되고, 하나님을 높이는 예배를 드리고, 삶을 바꾸는 기도를 드리고, 섬김과 선교의 삶에 대한 비전을 보는 경험을 한다. 하지만 선교와 관련해 '학교'라는 단어는 한 번도 등장하지 않고, 깨어 있는 시간의 상당 부분을 보내는 곳에서 선교하고 제자의 삶을 살라는 부르심

을 듣지 못한다. 그 이유는 바로 '성-속 이분법' 때문이다.[27]

선교단체 아가페(Agape)의 전 총무 데이비드 윌슨(David Wilson)의 다음과 같은 결론도 성-속 이분법 때문이다. "우리는 교회의 십 대 아이들에게 온화한 예수님을 가르치고 한없이 부드럽게 대합니다. 하지만 세상에서 이 아이들은 핵물리학을 공부하고 있지요. 그들이 대학교에 가면 의심의 여지 없이 기독교와 멀어지고 말 겁니다."

또는 이렇게 말할 수 있다. "성-속 이분법은 우리 중 98퍼센트는 선교사도, 목사도, 전임 기독교 사역자도 아니라고 말한다. 그것은 모든 그리스도인이 평등하게 태어났다고 하면서도 사실은 전임 기독교 사역자들이 조금 더 우월하다고 말한다. 하지만 이는 거짓말이다. 예수님이 우리 중 일부에게 시간제 기독교 사역자가 되라고 부르신 적이 있었는가? 매일 십자가를 지라고 말씀하시면서, 사실 그 십자가는 직장이나 학교 생활을 끝내고 집으로 와서 지는 것이라고 덧붙이셨던가?" 예수님은 목수로 일하시던 동안 그저 시간제로 일하셨을까? 상상도 할 수

---

27 https://licc.org.uk/resources/the-great-divide/

없는 일이다.

한 사업가가 다음과 같이 말하게 된 것도 결국 성-속 이분법 때문이다. "교회는 내가 내는 십일조에는 감사를 표합니다. 하지만 십일조를 낼 수 있게 한 사업에 대해서는 그러지 않죠."

권위의 문제

성-속 이분법은 다양한 종류의 권위와 관련해 혼란을 일으키기도 한다. 교회 내에서 권위는 양 무리의 영적 상태를 감독하는 장로, 리더, 목회자에게 주어진다. 이제 회사에 고용된 수천 명의 직원을 통솔하는 최고경영자가 있다고 생각해 보자. 하지만 그도 교회에서는 그런 수준의 책임을 전혀 경험해 보지 못한 리더들의 권위를 받아들여야 할 것이다. 이 최고경영자가 리더들에게 배우기 위해서도, 리더들이 그의 일을 진지하게 대하면서 필요를 채우고 지도해 주기 위해서도 큰 은혜가 필요할 것이다. 잘 알려진 표현대로, "성숙한 양을 먹이는 것보다 새끼 양을 먹이기가 더 쉽다."

소명으로서의 일

마르틴 루터는 말했다. "세속적인 일처럼 보이는 것이

사실은 하나님을 향한 찬양이고, 그분이 기뻐하시는 순종을 나타내는 것이다." 루터는 소명으로서의 일을 깊이 의식하고 있었다. 사실상 사람이 하는 일이라는 의미로 가장 많이 쓰이는 독일어 단어는 '베루프'(*Beruf*)인데, 이것은 **부르다**라는 뜻을 가진 동사 '루펜'(*rufen*)에서 파생한 것이다.

1555년에 자신의 신앙으로 인해 옥스퍼드에서 화형당한 영국의 종교개혁자 휴 라티머(Hugh Latimer) 주교는, 동료 신자들에게 다음과 같은 사실을 상기시켜 주었다. "우리의 구주이신 그리스도는 목수셨고 상당한 노동을 하며 생계를 이어 가셨다. 그러므로 그 누구도 평범한 부르심을 받아 평범한 일을 하며 그분을 따르는 것을 경멸해서는 안 된다. 그분이 인간의 형체를 입음으로써 우리의 본성을 축복하신 것처럼, 그분의 행하심을 통해 모든 직업과 기술도 축복하셨기 때문이다."

도로시 세이어즈는 앞서 언급한 글에서 이렇게 말했다. "교회가 해야 할 일은, 흔히 말하는 세속적인 직업 자체가 신성함을 인정하는 것이다. 그리스도인들, 특히 성직자들은, 어떤 사람이 특정한 세속적인 일로 부름을 받을 때 그 일이 어떤 특별한 종교적인 일로의 부름 못지않게 참된 소명임을 깊이 유념해야 한다."

1956년, 남편이 28세의 나이에 에콰도르의 아우카 인디언들에게 순교를 당했던 엘리자베스 엘리엇(Elizabeth Elliott)은 이렇게 썼다. "내 집과 부엌, 책상, 그리고 나의 몸은 영원하신 하나님을 위해 이 세상에 존재하는 성소들이다."

이것이 바로 일의 신학 프로젝트(Theology of Work Project)가 다음과 같은 내용을 근본 신념 중 하나로 정립한 이유다. "또한 우리는 교회 바깥에서 하는 일이 교회에서 하는 일과 마찬가지로 '전임 기독교적 섬김'임을 단언한다. 모든 그리스도인은 24시간 동안 하는 모든 일을 그리스도를 섬기는 전임 사역으로 수행하도록 부름을 받았다. '무슨 일을 하든지 마음을 다하여 주께 하듯 하고 사람에게 하듯 하지 말라'(골 3:23)."

오스 기니스가 "무엇보다 우리는 어떤 것으로 부름받는 것이 아니라 어떤 분(하나님)에게로 부름을 받는다"라고 말했듯이 우리가 상업, 가르침, 목회, 설교, 부모 역할, 자원 활동 등 어떤 것을 하도록, 혹은 이 중 몇 가지 일을 하도록 부름받는 것은 그 어떤 분을 위해서다.

이제 우리는 '전임'이라는 단어의 사용을 그만두어야 할지도 모른다. 그러고 나서는 다양한 종류의 일을 단순히 구분 짓기만 하면 될 것이다. 사람들은 농사를 짓고,

사업을 하고, 가사노동을 하고, 교회에서 일할 것이다. 그리고 우리는 이 모든 일을 주님을 위해 전임으로 할 수 있고 또 그래야만 한다.

청년 실업의 문제

이 보편적인 주제에는 매우 중요한 문제가 내재해 있다. 바로, 몇몇 나라의 경우 청년 실업률이 무척 높다는 점이다. 그래서 학교를 막 졸업한 젊은이들이 관리자나 상사 밑에서 책임 있게 일할 기회를 얻지 못하고, 열정적인 그리스도인으로서 자신의 선택지는 '교회로 들어가는 것' 혹은 '기독교적인' 일을 하는 것이라는 생각에 빠지기가 매우 쉽다. 게다가 그들은 '전임' 기독교 사역을 하는 것이 바람직한 목표라는 가르침을 들어 왔을 것이다.

이런 식의 가르침은 그들로 하여금 교회나 기독교 단체의 재정적 지원을 당연하게 여기는 믿음을 갖게 했다. 안타깝게도 이것은 매우 안이한 선택처럼 보인다. 그리고 그 결과는 치명적일 수 있다. 일반적인 직업을 통해 비그리스도인일 가능성이 큰 상사 밑에서 시간과 비용을 책임지는 훈련을 받지 못한 이들은 실제적인 책임 의식을 갖지 못한 채, 매우 낮은 작업량에 만족해 버리고 말 수 있다. 결국 이들은 다른 사람들이 지급하는 돈을 받고 훨씬 적은 양의 일을 하면서 무기력하게 시간을 보낸다. 그리고 더 비극적인 경우, 영구적으로 보장된 보수를 가지고 휴가를 보내는 것처럼 보이는 사람들도 있다(나는 개인적으로 이런 경우를 매우 자주 보아 왔다).

이런 위험의 한 측면을 잘 보여 주는 예시로서, 아시아의 한 기독교 학생 단체에서 쓴 글을 보자. "많은 청년이 학교를 졸업하고 나서도 꿈의 직장을 얻지 못한다. 그래서 그들은 장래성 없는 일을 하고 앉아 있는 대신 해외 선교사로 나가는 것이 적당히 시간을 보내기에 좋은 선택지라고 생각한다. 그렇게 하면 괜찮은 이력서를 쓸 수 있을 것이고, 여행하기에도 좋은 구실이 되기 때문이다. 고향에서의 따분한 삶으로부터 탈출해야 한다는 한 가지 목적만을 가지고 선교에 뛰어드는 것은 위험하다. 이런 목적은 복음을 전파하려는 열정을 불러일으키지 않을 것이고, 새로운 문화가 주는 흥분이 가라앉고 나면(개인에 따라 다르겠지만 이런 흥분은 보통 3-6개월 정도면 사라진다) 더는 동기 부여를 하지 않는다."

여기서 오해가 없기를 바란다. 선교는 기독교의 매우 본질적인 활동이다. 결국 주 예수님도 교회를 세우시고 선교를 명하셨고, 온전한 신적 권위로 그것을 지지하셨다. 나 역시 자선단체를 포함한 많은 기독교 단체를 소중히 여기고 있으며, 그들과 협력해 온 과정은 내 삶의 대단한 특권이었다.

분명한 것은, 충만한 사역의 중심에는 깊은 소명 의식을 가진 사람들이 있다는 것이다. 이들은 때로는 막대한 비용을 감수하고, 심지어 유리한 경력을 포기해 가면서, 주님을 섬기기 위해 모든 시간과 에너지를 사용한다. 그리고 당연히 하나님은 이와 같은 사람들의 대열에 합류하도록 우리를 부르신다. 새로운 선교 영역의 개척은, 다른 사람들의 지원과 상관없이 하나님의 부르심을 따랐던 선구적 지도자를 통해서 늘 이루어져 왔고 앞으로도 그러할 것이다.

나는 또한 많은 교회와 단체에 소속된 헌신적이고 활동적인 그리스도인 중에서, 내가 앞서 언급한 문제를 인식하고 자신이 책임져야 할 사람들에게 그런 문제를 피할 방법을 가르치는 이들이 나오기를 바란다. 그들은 주님이 제자들을 선택할 때 삶을 잘 이해하고 일로 단련된 성숙한 사람들을 고르신 것이 결코 우연이 아니라는 데 동의할 것이다. 나는 정말 많은 선교사에게 이런 이야기를 들어 왔다. "교회가 일할 줄 아는 사람을 좀 보내 줬으면 좋겠어요. 대부분 성경 대학에서 약간의 기독교 교육을 받거나 교회에서 얼마간 일한 사람들인데, 성품을 단련하면서 실질적으로 일하는 경험을 통해 책임 의식을 갖게 된 사람은 별로 없어요."

그들의 말에 따르면, 주님을 위해 '평범한 일'을 할 수 있다는 점이 입증된 성숙한 사람을 보낼 필요가 있다.

또한 우리는 예수님이 베드로와 같은 초기 제자들을 '사람 낚는 어부'로 부르셨다고 해서 그들이 다시는 원래 하던 일을 할 수 없다는 뜻이 아니었음을 주목할 필요가 있다. 예수님이 숙련된 어부 중 한 사람이었던 베드로를 부르셨을 때, 그는 고기 잡는 일을 내려놓고 기독교 공동체의 지원을 받으며 사람을 낚는 사명을 수행하기 위해 그분을 따라갔다. 하지만 주목할 점은, 다음으로 해야 할 일에 대한 주님의 뜻이 분명하지 않을 때, 그는 생계를 이어 가기 위해 다시 어업으로 돌아갔으며, 그는 그것으로 비난받지 않았다는 사실이다.

생각해 보기 _____

1. 이류 그리스도인 취급을 받은 경험이 있는가? 우리는 이런 상황과 어떻게 싸워야 할까?

2. '전임' 기독교 사역이라는 개념이 계속 사용되고 있는 이유는 무엇인가? 편리하기 때문인가? 아니면 깊은 오해 때문인가?

3. 어떻게 하면 당신이 일하는 평일 시간에 대한 교회의 태도를 변화시킬 수 있을까?

4. 당신은 일을 '소명'으로 바라보는가? 그런 관점은 당신의 태도에 차이를 가져오는가?

5. 당신은 일반적인 업무 경험 없이 곧바로 '교회 사역'을 하게 될 경우 어떤 위험이 있다고 보는가?

6. 당신이 학생이라면, '성-속 이분법'(SSD)을 피하면서 일하기 위해 어떤 준비를 해야 할까?

5.
복음 후원자

다시, 일의 궁극적 목적과 그 부산물을 구분해 보자. 후자에는 많은 것들이 포함되는데, 당연히 돈도 그중 하나다. 그러나 금전적 가치로 환산할 수 없는 것들도 있는데, 그중 가장 중요한 것은 바울이 설명한 대로 그리스도인으로서 성품이 자라 가는 것이다. "오직 성령의 열매는 사랑과 희락과 화평과 오래 참음과 자비와 양선과 충성과 온유와 절제니 이같은 것을 금지할 법이 없느니라"(갈 5:22-23). 여기에 지식과 경험과 지혜의 축적을 첨가할 수 있을 것이다. 우리는 이 모든 덕목을 실제적이고 영속적인 부로 여길 수 있다.

이것은 일과 (재정적) 부가 반드시 인과적으로 연결되지는 않는다는 뜻이다. 그러므로 누군가가 하는 일의 가치를 단순히 그 일을 통해 버는 돈의 액수로 평가해서는 안 된다. 이타적으로 선교 사업을 하거나 가족이나 친척을 돌본 어떤 사람이 실질적인 보상을 받지 못했다 할지라도, 그는 훌륭한 성품이나 돈으로 살 수 없는 경험이라는 부를 얻을 것이다.

일의 목표와 그것의 부산물을 구분하고 나면, 하나님 나라 추구라는 목표를 이루기 위해 그러한 부산물을 어떻게 효과적으로 사용할 수 있는지 생각해 보아야 한다. 일이 발생시킨 부는 애초부터 복음 전파를 통해 하나님 나라를 확장하는 일에 사용되었고, 지금까지도 그렇게 사용되고 있다. 물론, 신자든 아니든 가난한 사람들에게 물질을 나누는 것은 언제나 그리스도인들이 자기 신앙을 표현하는 한 가지 방식이었다. 그리고 신앙과 관계없이 대부분의 사람은 그러한 자선 행위가 가지는 중요성과 가치를 이해할 수 있다.

그런데 비그리스도인들이 쉽게 이해하기 힘들어하고 그리스도인들조차 진지하게 여기지 않는 일은, 대위임령에 순종하여 복음을 전파하는 사역에 물질을 후원하는 것이다. 하지만 이처럼 복음에 초점을 맞추어 부를 사용하는 것은 처음부터 있어 온 일이다.

누가는 예수님과 제자들이 그들과 함께 다니던 일단의 여성들로부터 순회 사역을 위한 지원을 받았다는 사실을 기록한다. "그 후에 예수께서 각 성과 마을에 두루 다니시며 하나님의 나라를 선포하시며 그 복음을 전하실새 열두 제자가 함께하였고, 또한 악귀를 쫓아내심과 병 고침을 받은 어떤 여자들 곧 일곱 귀신이 나간 자 막달라인이라 하는 마리아와 헤롯의 청지기 구사의 아내 요안나와 수산나와 다른 여러 여자가 함께하여 자기들의 소유로 그들을 섬기더라"(눅 8:1-3).

아마도 이들 중 요안나 같은 몇몇 여성들은 형편이 좋았을 것이고, 마리아 같은 사람들은 그렇지 못했을 것이다. 하지만 그들은 여력이 되는 만큼 도왔다. 그리고 그들 모두가 가장 소중한 재산이라고 할 수 있는 시간을 바쳤다. 그것은 필수적이었지만 큰 대가가 따르는 사역이었다.

기독교 교회의 가장 초기 역사를 기록한 책인 사도행전에서 누가는 일부 교회가 가정에서 모였다고 기록한다. 이것을 보면 당시 상당수의 인원을 수용할 만큼 큰 집을 소유한 신자가 있었음을 알 수 있다. 브리스길라와 아굴라는 아볼로를 집으로 데려와 도움을 베풀었다. 또한 누가는 사업차 빌립보에 머무르고 있던 두아디라 출신 섬유 무역상 루디아의 회심 이야기를 들려준다. 그녀는 바울의 말을 듣고 그리스도인이 되었는데, 이것은 유럽에서 최초로 일어난 회심 사건이라 할 수 있다. 그녀는 즉각적으로 자신이 가진 부가 바울과 그의 팀의 활동 근거지로 사용될 수 있으리라는 창의적인 생각을 떠올리고 그들을 자신의 집으로 초청했다(행 16:13-15).

이를 다르게 표현해 보자면, 하나님이 바울과 그의 팀에게 맡기신 영적이고 지적인 부가 루디아에게 주신 부와 전략적으로 결합하여 유럽 선교의 교두보가 마련되었다고 할 수 있다. 로마 제국에서는 어떤 프로젝트에 재정 후원함으로써 개인이나 단체의 일을 지원하고 보호해 주는 이들을 '파트로누스'(patronus)라고 불렀다. 그리고 이 단어에서 'patron'(후원자)이라는 영어 단어가 나왔다. 불행히도, 같은 단어에서 파생된 'patronise'는 처음에는 후원자 역할을 한다는 뜻을 지녔으나 점차 열등하게 여겨지는 사람에게 잘난 체하면서 그를 깎아내린다는 부정적 의미를 갖게 되었다. 이것은 명백히 비기독교적인 특징이다. 하지만 루디아가 바울에게 한 행동은 그런 의미는 전혀 없었으며 복음의 전파를 위해 기꺼이 자신의 부를 사용하고자 하는 태도에서 나온 것이었다. 그녀는 바울을 깎아내리는 것과는 전혀 무관하게, 메시지를 전함으로써 주 예수를 높이는 바울의 사역을 지원하고 있었다. 이 맥락에서 누가 더 중요한 사람인가(후원자인가, 아니면 그가 지원하는 사람인가)를 묻는 것은 독수리의 두 날개 중 어느 쪽이 더 중요한지를 묻는 것과 같다! 또 한 가지 지적하고 싶은 바는, 나를 포함한 많은 사람이 루디아의 행동에 영원히 빚을 졌다는 사실이다. 왜냐하면 그로 인해 복음이 유럽으로 전파될 수 있었기 때문이다. 복음 전파를 위해 그토록 큰 대가를 치른 깊은 헌신으로, 그들은 영속적인 관계를 맺었다. 하나님 나라의 확장이라는 공통된 목적을 위해, 그들은 다양한 능력과 부를 사용하며 함께 섬겼다.

그런데 'patron'은 '탄약 주머니'(ammunition pouch)라는 뜻으로도 쓰이는데, 예를 들어 사냥꾼에게 '당신의 patron 안에 무엇이 들어 있나요?'라고 물어 볼 수 있다. 우리가 모두 복음 후원자는 아니지만, 모든 신자는 주님과 그분의 복음을 위한 전쟁에 참여하고 있다. 그래서 바울은 우리를 다음과 같이 격려한다. "그러므로 하나님의 전신 갑주를 취하라. 이는 악한 날에 너희가 능히 대적하고 모든 일을 행한 후에 서기 위함이라"(엡 6:13). 그러므로 우리는 그리스도인들에게 다음과 같이 질문해 볼 수 있을 것이다. '당신의 탄약 주머니 안에는 무엇이 들어 있는가?' '당신은 주님의 증인으로 서기 위해 어떤 자원들을 모아 두었는가?' 바울에게 그것의 의미는 명확했다.

모든 기도와 간구를 하되 항상 성령 안에서 기도하고 이를 위하여 깨어 구하기를 항상 힘쓰며 여러 성도를 위하여 구하라. 또 나를 위하여 구할 것은, 내게 말씀을 주사 나로 입을 열어 복음의 비밀을 담대히 알리게 하옵소서 할 것이니, 이 일을 위하여 내가 쇠사슬에 매인 사신이 된 것은 나로 이 일에 당연히 할 말을 담대히 하게 하려 하심이라. (엡 6:18-20)

바울의 탄약 주머니는 예수님에 관한 복음의 말씀으로 가득 차 있었다.

복음 전파는 처음부터 이런 후원을 통해 촉진되고 있었고, 그런 일들에 관한 이야기는 지금보다 더 많이 알려질 가치가 있다. 왜냐하면 이를 통해 하나님이 사회의 최상층 사람들 가운데서도 역사하고 계심을 볼 수 있기 때문이다. 바울이 말하듯, 부유한 사람이 많지는 않지만, 얼마간은 존재하기 마련이다.

예를 들어, 19세기 후반 러시아에서 복음주의적 각성

운동이 일어났다.[28] 이때 부유한 귀족이었던 파쉬코프(Pashkov) 백작이 영국에서 온 신자인 래드스톡 경(Lord Radstock)을 통해 회심하게 된다. 래드스톡 경은 1870년대에 러시아 귀족 여성들의 초대로 상트페테르부르크를 방문하게 되었고, 이 여성들은 그가 설교할 수 있도록 자신들의 집을 개방했다. 그렇게 해서 당시 러시아 수도의 상류 사회 안으로 복음이 깊이 침투할 수 있었다.

래드스톡은 상트페테르부르크에 머무르는 6개월 동안 귀족들의 응접실에서 정기적으로 설교했고, 그로 인해 상당수의 러시아 엘리트들이 회심을 경험했다. 그래서 그가 떠난 후에도 그런 모임을 지속할 수 있는 집단이 형성되었는데, 파쉬코프(Pashkov) 대령, 코르프(Korf) 백작, 보브린스키(Bobrinsky) 백작, 나탈리 리에벤(Natalie Lieven) 공주, 베라 가가리나(Vera Gagarina) 공주 등이 그들이다. 수십 년 동안 이 모임은 상트페테르부르크의 모르스카야 거리에 나란히 붙어 있었던 리에벤 공주의 저택과 가가

---

28 주로 참고한 자료는 에드먼드 하이어(Edmund Heier)의 *Religious Schism and the Russian Aristocracy, 1860-1900: Radstockism and Pashkovism* (The Hague, Martinus Hijhoff, 1970)이다. 또한 https://repository.up.ac.za/bitstream/handle/2263/26868/03chapter4. pdf?sequence=4&isAllowed=y 도 보라.

리나 공주의 저택에서 이루어졌다. 리에벤의 딸 소피는 그때를 이렇게 회상한다. "손님들이 우리 집을 보고 감탄할 때마다 어머니는 이렇게 얘기하곤 했어요. '이 집은 주님의 것입니다. 나는 그저 그리스도의 종일 뿐이고요.'"

볼쇼이 모르스카야 43번지의 저택은 교회뿐 아니라 설교자들을 위한 호텔의 역할도 했다. 리에벤 공주는 래드스톡, 베데커(Baedeker), 뮐러(Müller) 같은 많은 사람을 지속적으로 집으로 초대해 묵게 하고, 젊은 설교자들이 자신의 집에서 6주간의 성경 공부 과정을 운영할 수 있도록 했다. 그녀의 저택은 이 운동의 초기 지도자들이 추방된 후에도 30년이 넘는 긴 시간 동안 복음주의 모임의 중심이었다. 그리고 1884년 파쉬코프와 코르프가 러시아에서 추방된 후에는 그녀가 모임의 지도자가 되었다. 불가피하게, 당국은 그녀를 추방하겠다고 위협하며 모임을 금지하고자 했고, 이 일은 차르 알렉산드르 3세에게 보고되었다. 이때 그녀는 다음과 같은 유명한 대답을 한다. "내가 누구에게 순종해야 하는지 폐하께 여쭈어보십시오. 하나님입니까, 황제입니까?" 알렉산드르 3세는 이렇게 답했다고 전해진다. "그녀는 과부다. 그냥 평안히 지내게 두어라." 그렇게 해서 그녀의 집에서 열린 모임은 1912년까지 오랜 기간 더 이어졌다.

중요한 것은, 이런 상류층 사람들이 메시지를 자신과 같은 계층에서 독점하지 않았다는 점이다. 오히려 그들은 자신들의 집과 무도회장을 열어 다양한 계층의 사람들을 초대했고, 그 결과 복음 메시지는 놀라운 하향식 연쇄 작용으로 급속히 퍼져 나갔다. 이것이 바로 복음 후원(gospel patronage) 활동을 보여 주는 훌륭한 사례다.

하지만 여기서 강조해야 할 사항이 있다. 일단 복음의 불꽃이 일어난 후 전국적으로 이 불꽃이 번져 나간 것은 바로 평범한 하층 계급의 신자들을 통해서였고, 그중 상당수가 매우 가난한 사람들이었다.

오래전 내가 이 러시아의 부흥 이야기를 처음 들었을 때만 해도, 나 또한 과학 아카데미와 대학교, 단과대학 같은 곳들에서 복음 메시지를 전하고, 책을 출판하기 위해 (어떤 책은 나의 멘토 데이비드 구딩과 공저했다) 러시아에 갈 특권을 누린다는 것은 예상하지 못한 일이었다. 감사하게도 크고 작은 여러 출처로부터의 복음 후원 덕분에, 수십만 권의 책이 학교와 도서관에 전달될 수 있었다.

누가는 선교여행 중에 의학 지식이라는 부를 가지고 바울과 그의 팀을 지원했던 의사였다. 그들이 다녔던 여러 지역에는 병에 걸리고 위기에 빠질 수 있는 큰 위험이 상존했기 때문이다. 바울은 그를 '사랑하는 의사'라고 불렸다.

누가는 역사가이기도 했고, 우리는 그 덕분에 누가복음과 사도행전이라는 두 권의 책을 읽을 수 있게 되었다. 누가는 이 책들을 존경하는 데오빌로에게 헌정했는데, 아마도 그는 누가에게 역사적 사실들을 조사하고 기록하는 작업을 위임하고 자금을 대 준 인물로 보인다. 즉 누가의 지적인 부와 데오빌로의 재정적 부가 결합해 신약성경의 상당 부분을 차지하는 책이 탄생했으며, 이는 둘 중 하나의 요소만으로는 불가능한 일이다.

성경을 쓰는 과정뿐 아니라 대중을 위해 그것을 번역하는 과정에도 이런 종류의 후원 활동이 필요했다. 가장 잘 알려진 사례 중 하나는 바로 16세기에 신약성경을 번역한 윌리엄 틴데일(William Tyndale)의 거대한 작업이다. 이런 모험적인 일을 지지할 마음이 없었던 런던의 주교는 그의 제안을 거절했다. 하지만 1523년, 앞을 내다보는 혜안을 가진 용감한 그리스도인 포목상 험프리 몬머스(Humphrey Monmouth)가 그와 함께하는 후원자가 되어 주었다. 그가 자금을 지원한 덕분으로 틴데일은 성경을 영어로 번역할 수 있었고, 이를 통해 일반적인 사람들도 성경을 접할 수 있게 되었다. 몬머스는 틴데일이 번역한 성경을 자신의 배에 실어 영국으로 몰래 반입하는 위험을 감수했다. 그리고 틴데일과 루터를 지원했다는 죄목으로 1년 동안 런던 탑에 투옥되었다.

존 라인하트(John Rinehart)는 『복음 후원자들』(*Gospel Patrons*)[29]이라는 유익한 책에서 몬머스와 틴데일의 이야기를 좀 더 자세히 다루고 있다. 그리고 이 책에는 이후 18세기에 레이디 헌팅던(Lady Huntingdon)이 자신이 속한 귀족 그룹을 런던 자택으로 초대해 조지 휫필드(George Whitefield)가 전하는 복음 설교를 함께 듣게 했던 일화도 기록되어 있다.

따라서 우리는 모두 과거에 복음을 후원했던 사람들에게 큰 빚을 지고 있다. 그리고 오늘날에도, 수많은 그리스도인 역시 자신을 신뢰하고 기도하고 지지해 준 타인들의 후원이 없었다면 지금까지의 성과는 불가능했을 것이라고 고백할 것이다. 궁극적으로 모든 부는 주님으로부터 온 것이다. 부의 형태는 다양한데, 개인적 자질 또한 부라고 할 수 있다. 즉 신체적, 정서적, 지적, 영적, 예술적, 음악적, 재정적 부가 있고, 조직하고 협상하는 기술과 사업상의 감각, 지혜와 통찰력, 좋은 성품, 친절함, 만족감 등도 개인이 가진 부다.

---

[29] Minneapolis, Reclaimed Publishing, 2013.

따라서 우리는 재정적인 것만을 부라고 여기는 문화적 경향을 거부해야 한다. 한 사람의 '값어치'는 보통 현금의 측면에서 매겨지곤 한다. 하지만 남편이나 아내, 아버지, 친구, 사업가로서, 또는 누가와 같은 의사나 역사가로서 드러내는 도덕적 정직함의 차원에서 값어치는 어떻게 평가할 것인가? 어떤 사람이 수십억에 해당하는 금전적 가치를 갖고 있더라도, 이기적으로 아내나 가족을 버린다면 남편이나 아버지로서는 도덕적 가치가 전혀 없을 수 있다.

사도행전이나 이후의 역사를 보면, 주님은 그분의 나라에 관한 메시지를 전파하기 위해 서로 다른 부를 가진 팀들을 결합하신다. 예를 들어, 역사가로서 누가가 가진 지적인 부와 바울에게 주어진 사도적 은사, 험프리 몬머스의 재정적 부와 틴데일의 언어적·지적 부가 그러하다. 이보다 훨씬 약하긴 하지만 나 역시 이런 경우를 개인적으로 경험해 왔고, 그 경험을 상세히 나눌 필요가 있을 것 같다. 왜냐하면 일부 독자들이 마음속에서 이런 문제 제기를 하고 있을지도 모르기 때문이다. '보세요, 나는 상업의 세계가 어떻게 돌아가는지를 알고 있는 사업가이고, 그동안 돈도 많이 벌었어요. 하지만 당신은 대학에서 주는 월급으로 살아온 교수죠(게다가 지금은 연금으로 생활하고 있고요!). 내가 어떤 선택에 직면할지 알지도 못하면서, 내 재산으로 뭘 해야 할지를 말할 권리가 당신에게 있나요?'

물론, 어떤 부든 그것을 사용하는 방식에 우선순위를 정하는 문제는 철저히 개인적인 문제다. 그리고 나를 포함한 대부분의 사람에게 그것은 매우 어려운 문제이기도 하다. 다른 사람이 우선순위를 세우는 일은 내가 간섭할 수 있는 사안이 아니고, 게다가 부를 어디에 사용할지 결정하는 일에는 전혀 개입할 마음이 없다. 그것은 내가 아닌 주님의 권한이고, 우리가 그 사실을 인식하는 것은 매우 중요하다. 우리는 모두 주님 앞에서 자신의 행동을 결정해야 하며, 그러기 위해서는 진정한 필요가 어디에 있는지를 끊임없이 살펴야 한다. 도움을 요청하는 그럴싸한 호소와 진정한 필요를 구별하고, 신뢰할 만한 사람들과 관계 맺고, 자선단체에 무엇을 기부하는 것이 적절한지 고민하고, 국내와 국외에 복음을 전하는 데 각각 무엇을 할당해야 하는지 생각해야 한다. 이런 이유로 인해, 신뢰할 수 있는 네트워크가 있는 것 자체가 부라고 할 수 있다. 왜냐하면 다양한 부를 가진 사람들은 많지만, 복음 전파를 확장하기 위해 그 부를 사용하도록 도울 수 있는 사람과 연결된 경우는 별로 없기 때문이다. 복음의 대의를 위해 기꺼이 부를 사용하고자 하는 부유한 사람은 많지만, 신뢰할 수 있는 기관이나 사람들과 연결되어 있지 않아 확신을 가지고 기부하기 어려워한다. 누군가와 관계를 유지하면서 어떤 종류의 부를 사용하는 것은 그 자체로 선물이다.

앞에서 언급한 독자의 문제 제기는 매우 적절하다고 생각한다. 사람들은 나 같은 교수들을 비현실적인 이론가로 여길 것이다! 하지만 내 설명을 들어 본다면, 내가 생각보다 그 문제를 잘 이해하고 있는 사람임을 알게 될 것이다. 그래서 지금까지 걸어온 내 삶의 여정과, 그 속에서의 하나님의 은혜와 선하심에 대해 짧게나마 나눌 필요가 있겠다.

나는 학창 시절을 지나면서 주님이 내게 상당한 지적인 부를 주셨다는 사실을 점차 깨달아 갔다. 그래서 이미 십 대 때부터, 내가 가진 종류의 부를 어디에 사용해야 할지 결정해야 할 필요성이 점점 커졌다(사람들이 재정적 자원에 대해 그럴 필요를 느끼듯이). 다양한 가능성이 있었고, 학교에서 배우는 과목뿐 아니라 성경에 관한 관심도 점점 커졌다. 성경을 이해하는 문제뿐 아니라 그것을 가지고 이야기하는 것에도 관심이 있어서, 십 대 후반에는 교회에서 이따금 짧게 강연할 기회를 가졌다.

나는 고전학 교수이셨던, 지금은 작고하신 데이비드 구딩(David Gooding) 교수님을 알게 된 후 이에 대해 특히 큰 영감을 얻었다. 그분은 내가 성경의 풍성함에 눈뜨게 해 주셨고, 많은 시간을 들여 내가 스스로 그 보물을 발견하는 능력을 기르도록 도와주셨다. 그리고 결국 내 평생의 멘토이자 동료, 친구, 공동 저자가 되셨다.

교수님이 그렇게 투자해 주고 내가 그 자본을 바탕으로 기반을 구축한 결과, 어느새 나는 교회와 기독교 수련회에서 성경 공부를 인도하고 성경을 가르치도록 초청받게 되었다. 이 무렵 나는 케임브리지 대학교에서 학부 과정을 마친 후 박사 과정을 밟고 있었다. 대학 마지막 해였던 1968년에 결혼했고, 이듬해에 카디프의 웨일스 대학교에서 수학 강사직을 맡게 되었다.

그렇게 해서 내게는 남편으로서의 책임과 동시에 수학과의 강의, 연구, 행정을 맡을 책임이 생긴 것이다. 나는 젊은 가장으로서 아내와 가정을 돌보고 맡은 일에 성실하게 헌신해야 한다는 책임감을 느꼈다. 그리고 동시에, 성경을 가르쳐야 한다는 강한 내적 부르심도 느꼈다. 그래서 나는 성경 공부에 많은 시간을 투자해야 했고, 또한 카디프에서 내륙으로 뻗어 있는 웨일스의 계곡들 이곳저곳에 흩어진 여러 작은 교회들을 다니며 말씀을 전하는

데도 엄청난 시간을 투자해야 했다. 이러한 삶의 결과로, 동료들만큼 저녁 시간에 집에서 수학 연구에 전념하는 일이 자유롭지 못했다. 물론, 절대 미루어서는 안 되는 시험지 채점은 제외하고서 말이다.

나는 내 일을 주께 하듯 성실하게 하기로 마음먹었다. 그리고 대학뿐 아니라 사업의 세계에서도 흔히 볼 수 있는 것처럼, 일을 위해 영혼을 팔지 않기로 했다.

나의 결정으로 인해 아내가 치러야 했던 대가는 나와 함께하는 시간을 포기하는 것이었다. 다만 초기에는 저녁이나 주말에 지역에서 주최하는 강연회에 종종 아내와 함께 다녔고, 어떤 경우는 숙박하며 며칠간 이어지는 수련회에 함께 참석하기도 했다. 그렇게 아내는 수년 동안 값진 노력으로 성경 교사로서의 내 활동을 지원해 주었다. 시간이 흐르면서 우리에게는 세 명의 아이가 생겼는데, 곡예 부리듯 여러 일을 해야 하는 삶에 우선순위를 세우는 문제가 불가피하게 대두되었다.

셋째가 태어나기 전 우리 네 식구는 1975~1976학년도를 서독에서 보냈다. 그 기간이 끝나 갈 무렵, 베를린에서 만난 한 헝가리 그리스도인이 이듬해에 헝가리에서 성경 강연을 해 달라고 예상치 못한 초대를 했다. 내 인생의 길이 새로운 방향으로 펼쳐지는 순간이었다. 그때부터 나는 성경 수련회의 강사로 전 세계를 여행하는 삶을 살았다. 때로는 수학 학회와 병행하기도 했는데, 보통 낮에는 수학 연구를 하고 밤에 설교하는 일정이었다.

그때부터 나는 새롭고도 매우 실제적인 문제를 맞닥뜨리게 되었다. 바로, 여행과 숙박에는 돈이 든다는 것이었다. 당시 내가 다녔던 곳은 대부분 철의 장막 너머의 국가들이었고, 그곳의 신자들은 호텔 비용은 차치하고 여행 경비도 댈 수 있는 처지가 아니었다. 사실, 내가 만나는 그리스도인들을 보호하기 위해서는 호텔에 머무르는 것 외에 다른 선택지가 없었다.

당시 어떤 오류로 인해(이는 몇 년간이나 교정되지 않았다) 대학교에서 나오는 급여가 매우 줄어들었는데, 나는 생계를 위해 러시아의 수학 논문을 영어로 번역하는 가외의 일을 해야 했다. 매우 고되면서도 보수가 적은 일이었지만, 내게는 조금이라도 돈을 더 벌 수 있는 유일한 일이었다. 그때는 전혀 깨닫지 못했지만, 나는 언젠가 매우 중요하고 유익하게 사용될 러시아어 지식을 그 일을 통해 습득하고 있었다.

어쨌든 이런 사정으로 인해 나는 초대받은 공산권 국가들로의 여행 경비를 스스로 감당할 형편이 되지 못했다.

젊은 시절 나는 '뮐러의 고아의 집'(Müller's Children's

Homes)을 세운 조지 뮐러(George Müller)에 대한 책을 읽으면서, 그가 자신의 (상당한) 필요를 공식적으로 알리지 않은 채 주님의 공급하심을 조용히 신뢰했음을 알게 되었다. 그리고 나도 그와 같은 방식을 따르기로 결심했다. 왜냐하면 연구와 준비에 막대한 시간을 투자해야 하고 아이들의 양육을 온전히 아내에게만 맡긴 채 오랜 기간 집을 떠나야 하는 이 일이 정말로 하나님이 주신 소명인지 확신이 필요했기 때문이다. 그리고 수학자로서의 일을 해외에서 병행할 수 있는지도 중요한 문제였다.

바로 그때 생애 처음으로 복음 후원자를 만나는 경험을 했다. 어느 그리스도인 사업가가, 내 활동을 전해 들었고 여행과 호텔 경비를 후원하고 싶다고 연락을 취해 온 것이다. 그는 자신이 한 말을 지켰고, 수년간 주님을 위해 나의 사역을 넉넉히 지원해 주었다. 몇 년 동안은 수학과 동료 전체의 경우를 합친 것에 버금가는 횟수로 여행을 다니기도 했다. 당시에는 외부 방문을 위한 자원이 매우 부족했기 때문이다.

그 후원자의 재정적 부는, 나로 하여금 비록 미약하나마 내가 쌓아 온 성경에 대한 이해라는 부를 활용하여, 하나님의 말씀을 목말라하는 수많은 이들에게 이전에는 한 번도 경험해보지 못한 방식으로 투자할 수 있도록 해 주었다. 그는 나를 통해 주님의 사역에 헌신함으로써, 당연히 자신의 사업을 위한 유동 자금을 줄이는 희생을 감수했다. 그러나 그는 그 대신, 하늘에 영원한 보화를 쌓아 가고 있었다.

중요한 것은, 그런 후원을 받는다고 해서 나의 재정적 자원을 나누어야 할 책임이 없어지지는 않는다는 점이다. 우리 모두는 다양한 종류의 부를 가지고 있고, 주님은 하나님 나라의 청지기로서 그 부를 어떻게 투자할지 결정할 책임을 우리에게 위임하셨다. 영국의 경우라면, 복음의 확장을 위한 개인과 교회와의 협력을 비전으로 하는 킹덤 뱅크(Kingdom Bank)에 예금하는 것도 재정 문제를 다루는 한 가지 방안이 될 수 있다. 그리고 이와 관련해, 세금 측면에서 유리한 방식으로 공인된 자선단체에 기부할 수 있도록 돕는 스튜어드십(Stewardship)[30] 같은 곳도 있다.

수년 동안 나는 사역의 괄목할 만한 확장을 가능케 한 후원을 경험하는 기쁨을 누려왔다. 예를 들어, 나는 지금은 고인이 된 존 랭(John Laing)에게 엄청나게 큰 빚을 졌다. 그는 중요한 사업이 심각한 문제에 봉착할 때도 '파트

---

30 www.stewardship.org.uk에서 더 많은 정보를 확인할 수 있다.

너'이신 하나님과 함께했던 사람으로 유명하다. 그는 끝까지 헌신을 지속했고, 그의 이름이 붙은 자선 재단들은 전 세계 기독교 사역에 큰 영향을 미쳤다. 특히 선교 사역, 복음주의 학생운동(예: UCCF 및 IFES), 신학 교육(예: 런던 신학교) 분야에 크게 기여했다. 나는 지난 25년 동안 옥스퍼드의 그린 템플턴 칼리지(구 그린 칼리지)에서 J W 랭 재단(J W Laing Trust)의 지원을 받아 랭 재단 펠로우로 일하는 혜택을 누려 왔다. 랭의 이야기는 더 널리 알려질 가치가 있으며, 2022년 10월에는 재단 설립 백 주년을 기념하는 자리가 있었다. 이를 기념하며 그의 삶과 영향력을 다룬 단편 다큐멘터리가 제작되었고, 전 이사장 알렉스 맥일헤니(Alex McIlhenny)가 재단의 역사를 기록한 권위 있는 신간이 출간되었다. 그는 이 책에서 존 랭의 다음과 같은 명언을 기록했다. "사업을 하다 보면 돈만 바라보기가 쉽지만, 나눔의 섬김은 그것을 상쇄한다."[31]

다른 사례는 한 미국인 사업가 겸 발명가의 후원을 받은 것이다. 내가 쓴 책 한 권을 읽고 자신의 생각과 너무도 일치한다는 생각이 든 그는, 내 생각을 더 많은 대중에게 알리기 위해 무언가를 하고 싶다고 했다. 그렇게 해

---

31 *The Service of Giving* (Darvel, Opal Trust, 2022).

서 케빈 소르보(Kevin Sorbo)와 내가 등장하는 다큐멘터리 영화 「물결을 거슬러」(Against the Tide)가 제작되었다. 결국 이 다큐멘터리의 제작에는 여러 후원자가 참여했으며, 그들은 이 프로젝트의 잠재력을 보고 도움을 주기로 결심했다.

내가 감사하고 있는 후원자 중에는 우리 가족에게 관심을 보여 준 분들도 있다. 예를 들어, 강연을 위해 가족과 함께 미국에 갔을 때 매우 사려 깊은 한 가족이 디즈니 방문 비용을 후원해 주었는데, 우리 아이들에게 이것은 너무나 소중한 선물이었다(그리고 아직도 그때를 잊지 못한다). 여기서 알 수 있는 후원의 중요한 원칙은, 자신이 지원하는 이의 가족들도 소중히 여기는 것이다.

후원을 받아 온 지난 시간을 돌아보면서, 그것이 없었다면 지금까지 내가 해 온 많은 일을 결코 완수할 수 없었을 것임을 절실히 깨닫는다. 정말로 깊이 감사드린다.

마지막으로, '복음 후원자'(gospel patron)라는 다소 거창해 보이는 명칭 때문에 모든 신자가 기독교 사역을 지원할 수 있다는 사실이 가려져서는 안 된다. 그리고 전부는 아니더라도 많은 사람이, 스스로는 그렇게 여기지 않을지라도 실제로 복음 후원자로 살고 있다. 그럼에도 우리는 험프리 몬머스나 레이디 헌팅던, 파쉬코프 백작, 리에벤 공주 같은 이들의 막대한 부에 압도되기 쉽고, 그에 비해 우리 자신은 아무것도 기여하지 못한다고 느낄 수 있다.

하지만 전혀 그렇지 않다. 데오빌로의 후원을 받았던 누가 자신은, 가난하다는 이유로 자신이 한 일을 무가치하게 여기기 쉬운 사람들의 입장에서 복음 후원의 문제를 바라보았다. 그중 가장 유명한 사례는 헌금함에 돈을 넣는 사람들에 대해 예수님이 하신 말씀이다. "예수께서 눈을 들어 부자들이 헌금함에 헌금 넣는 것을 보시고 또 어떤 가난한 과부가 두 렙돈 넣는 것을 보시고 이르시되, 내가 참으로 너희에게 말하노니 이 가난한 과부가 다른 모든 사람보다 많이 넣었도다. 저들은 그 풍족한 중에서 헌금을 넣었거니와 이 과부는 그 가난한 중에서 자기가 가지고 있는 생활비 전부를 넣었느니라 하시니라"(눅 21:1-4).

하나님께서 그분의 사역에 대한 기여를 양이 아닌 질의 측면에서 판단하신다는 사실은 우리를 정신이 번쩍 들게 만든다. 예수님은 아마도 이런 이유 때문에 자선의 방식과 관련해 다음과 같이 말씀하셨을 것이다.

사람에게 보이려고 그들 앞에서 너희 의를 행하지 않도

록 주의하라. 그리하지 아니하면 하늘에 계신 너희 아버지께 상을 받지 못하느니라. 그러므로 구제할 때에 외식하는 자가 사람에게서 영광을 받으려고 회당과 거리에서 하는 것같이 너희 앞에 나팔을 불지 말라. 진실로 너희에게 이르노니 그들은 자기 상을 이미 받았느니라. 너는 구제할 때에 오른손이 하는 것을 왼손이 모르게 하여 네 구제함을 은밀하게 하라. 은밀한 중에 보시는 너의 아버지께서 갚으시리라. (마 6:1-4)

인간의 마음이 이와 같아서, 조심하지 않으면 심지어 복음 사역을 위한 나눔조차 인상적인 관대함을 드러내면서 사람의 관심을 얻으려는 동기로 수행할 수 있다. 예수님은 그런 경우 타인의 관심과 칭찬이 보상의 전부라고 명확히 말씀하신다. 왜냐하면 그런 것에 일말의 관심도 없는 하늘 아버지는 아무런 응답도 하지 않으실 것이기 때문이다. 결과적으로, 주님이 신실한 자들에게 보상을 주시는 그날 놀라운 일이 벌어질 것이다. 겸손한 신자들이 아무런 주목도 받지 않고 남몰래 베푼 소소한 나눔이 그들의 면류관에 박힌 보석이 될 것이다. 반면, 과시적으로 행한 막대한 기부에 대해서는 누구도 언급하지 않을 것이다. 따라서 양이 중요한 것처럼 행동해서는 안 된다.

땅에서의 엘리트가 반드시 하늘에서 엘리트가 되지는 않는다.

늘 스스로 상기해야 할 것은, 복음이 하나님 아버지의 관대한 후원에서 시작된다는 사실이다. 바울은 말한다. "네게 있는 것 중에 받지 아니한 것이 무엇이냐?"(고전 4:7) 그리고 우리의 대답은 이것이다. "아무것도 없습니다."(이는 모든 수준에 적용된다). 그렇다. 하나님은 주시는 분이다. 그에 따라 우리는 이런 질문을 던져야 할 것이다. '그분이 주신 것으로 무엇을 할 것인가?' '우리가 받은 여러 가지 선물을 어떻게 관리할 것인가?'

생각해 보기

1. 당신이 생각하기에 복음 후원자란 어떤 사람인가? 복음을 후원하는 일이 왜 중요한가?

2. 복음 후원자가 되기 위해서는 큰 부를 소유해야 하는가?

3. 이 장에 실린 사례 중 당신에게 와 닿는 것이 있는가? 그 이유는 무엇인가?

4. 당신이 복음 후원을 해야 할 입장에 있다면, 어떤 식으로 할 수 있는지 생각해 보라.

5. 당신이 학생이라면, 미래에 대한 계획을 세우면서 복음 후원을 어떤 식으로 고려할 수 있겠는가? 예를 들어 'Fruitful Work'과 같은 단체의 웹사이트(cambridgesu.co.uk/organisation/22901)를 참조해도 좋다.

6.
부의 관리자

누가복음을 간단히 훑어보기만 해도, 저자가 부유한 사람과 가난한 사람 모두의 물질적 소유에 대한 태도에 관심이 있음을 알 수 있다. 우리는 앞서 예수님과 제자들이 몇몇 부유한 여성들의 후원을 받았다는 사실을 살펴보았고, 과부가 낸 소액의 헌금에 대해서도 생각해 보았다.

이 장에서는 누가가 기록한 부의 관리에 대한 예수님의 말씀을 중심으로 논의를 이어 갈 것이다. 이 가르침은 어리석은 부자 비유, 탕자의 비유, 불의한 청지기 비유, (이름이 언급되지 않은) 부자와 가난한 나사로 이야기 등 예수님의 가장 유명한 비유들을 중심으로 전개된다.[32]

---

32 나는 여기서 Kenneth Bailey, *Jesus through Middle Eastern Eyes* (London, SPCK, 2008)를 주로 참조했다. 『중동의 눈으로 본 예수』(새물결플러스).

어리석은 부자 (눅 12:13-21)

수천 명에 달하는 거대한 군중이 예수님 주위로 몰려들었다. 그중에는 적대적인 사람들도 있었고, 예수님은 제자들에게 박해의 가능성을 경고하셨다. 이런 와중에 어떤 사람이 예수님을 찾아와 가족 간의 분쟁을 중재해 달라고 부탁한다.

누가는 이 상황이 어떻게 전개되는지를 들려준다.

> 무리 중에 한 사람이 이르되, 선생님 내 형을 명하여 유산을 나와 나누게 하소서 하니, 이르시되 이 사람아 누가 나를 너희의 재판장이나 물건 나누는 자로 세웠느냐 하시고 그들에게 이르시되 삼가 모든 탐심을 물리치라 사람의 생명이 그 소유의 넉넉한 데 있지 아니하니라 하시고, 또 비유로 그들에게 말하여 이르시되 한 부자가 그 밭에 소출이 풍성하매 심중에 생각하여 이르되 내가 곡식 쌓아 둘 곳이 없으니 어찌할까 하고 또 이르되 내가 이렇게 하리라 내 곳간을 헐고 더 크게 짓고 내 모든 곡식과 물건을 거기 쌓아 두리라 또 내가 내 영혼에게 이르되 영혼아 여러 해 쓸 물건을 많이 쌓아 두었으니 평안히 쉬고 먹고 마시고 즐거워하자 하리라 하되, 하나님

은 이르시되 어리석은 자여 오늘 밤에 네 영혼을 도로 찾으리니 그러면 네 준비한 것이 누구의 것이 되겠느냐 하셨으니, 자기를 위하여 재물을 쌓아 두고 하나님께 대하여 부요하지 못한 자가 이와 같으니라.

예수님이 판결을 내리지 않으셨기 때문에, 그 사람이 정당한 주장을 했는지는 알 수 없다. 분명히 그 당시 예수님은 판결하는 일을 자신의 책임으로 여기지 않으셨다. 물론 재림하실 때는 그런 일을 하실 것이고 우리도 그 광경을 보게 되겠지만 말이다. 이 기회를 통해 예수님이 하고자 하셨던 것은 모든 종류의 탐욕이 가지는 위험을 경고하는 일이었다. 그리고 이 맥락에서 왜 그런 경고를 하셨는지는 어렵지 않게 이해할 수 있다.

이 구절에 대한 데이비드 구딩의 해설은 적절하다.

> 물질적 소유와 관련해, 예수님은 법적 권리 획득이 반드시 최선이라고 보지 않으신다. 소유의 문제에서 법적 권리를 획득하고자 하는 시도 이면에는 (반드시 늘 그렇지는 않을지라도) 탐욕이라는 동기가 작용할 수 있다. 이런 경우 법적 권리의 획득은 탐욕의 승리다. 그리스도는 결코 그

런 '승리'를 쟁취하는 데 도움을 주시는 분이 아니다.[33]

이어서 구딩은 탐욕에 해당하는 헬라어 '플레오넥시아'(*pleonexia*)가 '더 많이(즉, 정당한 몫보다 더 많이) 가지거나, 가지고 싶어 하다'라는 뜻이라고 설명한다. 예수님은 탐욕에 대해 경고한 이유를 곧 설명하신다. "사람의 생명이 그 소유의 넉넉한 데 있지 아니하니라." 구딩은 이 맥락에서 '넉넉함'에 해당하는 헬라어가 단순히 **풍성함**이 아니라, 충분한 정도를 넘어서는 **과잉**을 뜻한다고 말한다.[34] 따라서 예수님은 이생의 삶에서 적정한 물건들을 구비하는 일이 나쁘거나 불필요하다고 말씀하신 것이 아니다. 그분의 말씀은, 우리가 살아가기 위해 충분한 소유물이 필요하지만, 삶이란 우리의 필요를 충족시킬 만한 수준을 넘어서는 소유물에 달린 것이 아니라는 뜻이다.

이어서 예수님은 비유를 통해 이것이 일상 생활, 특히 농촌 공동체에서 어떤 의미를 지니는지를 보여 주신다. 한 부유한 농부가 필요를 훨씬 능가하는 엄청난 수확을 거두었다. 16절에서 '풍성함'으로 번역된 헬라어 '유포리

---

33 *According to Luke* (Belfast, Myrtlefield House, 2013), p. 251.
34 이 단어는 누가복음 9:17의 '남은 조각'(RV), 15:17의 '충분히 먹고 남을 만한 음식' 등의 표현에서도 같은 의미로 쓰인다.

아'(euphoria)는 그의 기분이 어떠했는지 정확히 말해 준다. 그는 희열을 느꼈다(euphoric). 그는 엄청난 양의 곡식을 보관하기 위해 기존의 곳간을 허물고 더 큰 창고를 짓는다는 다소 극단적인 결정을 내린다. 그리고 근심 없이 긴 여생을 보낼 계획을 세운다.

하나님은 이런 그를 어리석다고 말씀하신다. 그는 여러 가지 잘못된 가정을 하고 있었는데, 우선 자신의 부가 오직 자신과 자신의 즐거움만을 위한 것이라는 가정이다. 둘째, 그는 앞으로 살아갈 날이 매우 길다고 가정하고 있었지만, 그에겐 사실상 24시간도 채 주어지지 않았다. 마지막으로, 그런 가정으로 인해 자신이 언젠가는 죽어야 할 존재라는 사실도 이해하지 못했다. 그가 죽으면 모든 소유물이 다른 사람에게 넘어가고, 그는 결코 개인적으로 그것들을 누리지 못하게 될 것이다. 그는 하나님을 향해서는 부유하지 못했으며, 사실 그는 하나님에 대해 생각조차 하지 않았다. 이것이야말로 인간이 할 수 있는 가장 어리석은 일이다.

야고보는 유한한 삶을 망각하는 태도에 관해 반복해서 경고한다.

> 들으라, 너희 중에 말하기를 오늘이나 내일이나 우리가

어떤 도시에 가서 거기서 일 년을 머물며 장사하여 이익을 보리라 하는 자들아. 내일 일을 너희가 알지 못하는도다. 너희 생명이 무엇이냐? 너희는 잠깐 보이다가 없어지는 안개니라. 너희가 도리어 말하기를 주의 뜻이면 우리가 살기도 하고 이것이나 저것을 하리라 할 것이거늘, 이제도 너희가 허탄한 자랑을 하니 그러한 자랑은 다 악한 것이라. 그러므로 사람이 선을 행할 줄 알고도 행하지 아니하면 죄니라. (약 4:13-17)

이 구절의 교훈은 분명하다. 바로, 우리의 육체적 삶과 소유물들은 하나님이 주신 선물이라는 것이다. 그리고 그분은 언제든 그것들을 도로 가져가실 수 있고, 이것을 무시하는 것은 어리석은 일이다. 삶에는 영원의 차원이 있고, 그렇기에 우리는 생각보다 훨씬 일찍 영원의 차원으로 들어갈 수 있다는 사실을 유념하며 미래에 대한 계획을 세워야 한다. 모세는 신명기에서 이스라엘 백성에게 이를 가르쳤는데, 그 본문 전체를 읽어 볼 필요가 있다.

내가 오늘 네게 명하는 여호와의 명령과 법도와 규례를 지키지 아니하고 네 하나님 여호와를 잊어버리지 않도록 삼갈지어다. 네가 먹어서 배부르고 아름다운 집을 짓고 거주하게 되며 또 네 소와 양이 번성하며 네 은금이 증식되며 네 소유가 다 풍부하게 될 때에 네 마음이 교만하여 네 하나님 여호와를 잊어버릴까 염려하노라. 여호와는 너를 애굽 땅 종 되었던 집에서 이끌어 내시고 너를 인도하여 그 광대하고 위험한 광야 곧 불뱀과 전갈이 있고 물이 없는 간조한 땅을 지나게 하셨으며, 또 너를 위하여 단단한 반석에서 물을 내셨으며 네 조상들도 알지 못하던 만나를 광야에서 네게 먹이셨나니, 이는 다 너를 낮추시며 너를 시험하사 마침내 네게 복을 주려 하심이었느니라. 그러나 네가 마음에 이르기를 내 능력과 내 손의 힘으로 내가 이 재물을 얻었다 말할 것이라. 네 하나님 여호와를 기억하라. 그가 네게 재물 얻을 능력을 주셨음이라. 이같이 하심은 네 조상들에게 맹세하신 언약을 오늘과 같이 이루려 하심이니라. 네가 만일 네 하나님 여호와를 잊어버리고 다른 신들을 따라 그들을 섬기며 그들에게 절하면 내가 너희에게 증거하노니 너희가 반드시 멸망할 것이라. 여호와께서 너희 앞에서 멸망시키신 민족들같이 너희도 멸망하리니 이는 너희가 너희의 하나님 여호와의 소리를 청종하지 아니함이니라. (신 8:11-20)

예수님이 어리석은 부자 비유를 말씀하시기 수 세기 전, 하나님은 이미 백성들에게 그와 같은 태도의 위험성에 대해 경고하셨다. 특히 야고보서 4:17을 주목해보라.

그러므로 우리는 예수님이 말씀하신 대로 물질적 소유를 사용하는 방식에 지혜로워야 한다. 그래야 하나님을 기쁘시게 하고 더욱 경건한 삶을 살아감으로써 그분을 향해 부유한 자가 될 수 있다. 그렇다면 이것이 의미하는 바는 무엇일까?

탐욕의 중심은 인간의 마음, 그리고 자신이 갖지 못한 무언가를 갖고자 하는 그 마음의 욕망에 있다. 우리 중 누가 보물(우리가 가치 있다고 여기는 것들)을 더 많이 갖고 싶은 이처럼 강렬한 욕망을 느껴 보지 않았다고 자신 있게 얘기할 수 있을까?

누가는 '어리석은 부자' 비유에 뒤이어서, 2장과 3장에서 다루었던 일을 통해 하나님 나라를 구하는 것에 대한 예수님의 가르침을 기록한다. 이에 대해 더 폭넓은 관점에서 이해하고자 하는 독자는 구딩의 설명을 참조하기를 강력히 권한다.

탕자의 비유 (눅 15:11-32)

어떤 아들이 아버지가 돌아가시기 전에 유산 상속을 요구하는 이 이야기는, 후원을 남용하는 태도를 보여 주는 극단적 사례다. 아버지가 죽기를 바란다는 뜻이 암묵적으로 담긴 그의 요구는 중동 문화에서는 충격적인 것이었다. 따라서 당시 예수님의 청중은 그와 같은 말씀에 경악을 금치 못했을 것이다.

예수님의 말씀에 따르면, 그럼에도 불구하고 이 아버지는 아들에게 할당된 몫을 유산으로 준다. 그리고 그다지 놀랍지 않겠지만, 아들은 허랑방탕한 사치를 즐기며 그 유산을 다 탕진하고 만다. 돈이 모두 떨어지고 나니, 좋을 때만 반짝 '친구'였던 이들은 당연히 모두 떠나 버렸다. 아버지의 집에서 누렸던 관대함은 고사하고, 어떤 종류든 도움의 손길을 내미는 일이라고는 일어나지 않는 세상에서, 그는 어쩔 수 없이 돼지 치는 일을 한다. 너무 배가 고파 돼지 밥이라도 주어진다면 먹을 태세지만 그것조차 주어지지 않는다.

이것이 바로 진실을 깨닫는 최악의 순간이다. 돼지우리에서 그의 눈이 열린다. 굶주림과 환멸 속에서 이 남자는 먹을 것과 안전과 행복의 가능성이 보장되는 편안했던 자신의 집을 떠올린다. 그리고 자신이 속한 자리인 집이라는 공간을 내동댕이쳐 버린 자신이 지독한 바보라는 사실을 깨닫는다. 철저한 마음의 변화를 경험하고 회개한 그는 집으로 돌아가 아버지의 처분에 모든 것을 맡기기로 한다. 물론 이전의 특권을 그대로 누리는 아들의 지위로 다시 돌아가리라고는 기대하지 않는다. 하지만 아버지의 집에서 머슴으로 일할 수 있는 일말의 가능성은 있을 것이다. 그런데 놀랍게도, 마을에 들어서자마자 너무나 놀라운 은혜를 경험한다. 당시의 어른들이 지키던 품위라고는 모두 던져 버린 채, 아버지가 그를 맞이하기 위해 달려오고 있는 것이 아닌가. 아버지는 두 팔을 벌려 오랫동안 잃어버렸던 아들을 끌어안고, 풍성한 잔치를 열어 아들의 귀향을 축하한다. 이 비유는 기독교 메시지의 핵심을 탁월하게 묘사한다. 즉 다음과 같다. 진리에 눈 뜨고, 아버지의 집으로 돌아가야 한다는 사실을 인정하고, 회개하고, 돌아가라는 것이다.

아버지의 관대한 마음을 이해하지 못하는 형은 문제 제기를 한다. 집에 머물러 있던 자신을 위해서는 단 한 번도 그런 잔치가 열린 적이 없는데, 이 허랑방탕한 동생을 위해서는 왜 그래야 하는가?

이야기의 핵심적인 교훈은 명확하다.

첫째, 만약 우리가 회개하고 하나님께로 돌아가기만 한다면, 우리가 그분의 선물을 낭비하며 살았다 하더라도 그분은 얼마든지 우리를 받아들일 준비가 되어 있으시다.

둘째, 우리 중에는 형(성경이 이 맥락에서 언급하는 바리새인)과 같은 사람들이 있다. 이들은 자신이 하나님께 신실하다고 주장하지만, 자격 없는 자에게 주어지는 용서의 복음을 낭비이며 심지어 비도덕적인 것이라고 생각한다. 이들은 은혜의 의미가 무엇인지를 전혀 알지 못하는 사람들이다.

셋째, 이 아들은 아버지의 재산을 낭비하고 자신에 대한 아버지의 믿음을 저버렸지만, 아버지는 그를 다시 받아 주셨다. 수많은 사람이 이 이야기를 듣고 회심했는데, 이를 통해 하나님의 은혜를 분명히 깨달았기 때문이다. 하나님은 우리가 삶을 아무리 엉망으로 만들어 버렸을지라도 진정으로 회개한다면 기꺼이 용서할 준비가 된 분이다.

넷째, 여기서 질문이 하나 제기된다. 우리가 하나님의 선물을 방탕하게 써 버렸더라도 회개하고 주님께 돌아간다면 문제 될 것이 없다는 것이 이 비유의 가르침인가? 전혀 그렇지 않다. 이 점을 분명히 하고 오해를 방지하기 위해, 예수님은 또 다른 비유를 들려주신다. 바로 남의 재산을 낭비한 데 대해 비판을 받는 어떤 사람의 이야기다.

불의한 청지기 (눅 16:1-13)

청지기 혹은 관리인을 뜻하는 헬라어 단어는 '오이코노모스'(*oikonomos*)이며, 여기서 'economics'(경제학)라는 단어가 파생되었다. '집의 법'(*oikos*=집, *nomos*=법)이라는 뜻을 가진 이 단어는, 은행가의 대리인이나 농장 관리자를 지칭하는 데 사용되었다. 언급되는 빚의 성격을 감안할 때, 이 본문에서는 아마도 후자를 가리킬 것이다.

어느 부유한 주인에게 그의 청지기가 그의 재산을 낭비한다는 고발이 여럿 접수되었다. 이것은 청지기를 고발한 사람들이 주인이 그 문제에 대해 어떤 조치를 할 것을 기대하고 있다는 점을 보여준다. 그리고 중동의 문화를 감안할 때, 이는 주인이 그 공동체 내에서 존경받는 사람이었음을 암시한다. 그가 불한당 같은 사람이었다면, 누구도 굳이 그런 말을 해 주러 찾아가지 않았을 것이고 오히려 인과응보라고 입을 모았을 것이다. 주인은 사람들이 고발한 내용을 신뢰하고, 청지기를 불러 설명을 요구한다. "내가 네게 대하여 들은 이 말이 어찌 됨이냐?" 사실상 주인의 이 질문은 정보가 아니라 청지기의 반응을 보고자 한 것이다. 만약 청지기가 공포에 빠진다면 자신이 저지른 일에 대해 더 많은 것들을 실토할 것이다. 하지만 그는 아무 말도 하지 않은 것 같다. 이 긴장 어린 침묵은 결국 (결산하지 말고) 장부를 반납하라는 말을 통해 깨진다. 그 말은 사실상 이런 뜻이다. '넌 해고야!'

고대법에서 그런 해고는 즉시 효력이 발생하는 것으로 간주됐다. 그래서 이후부터 청지기가 어떤 일을 하든 그것은 불법이었고, 그 결과에 대해 주인이 책임을 질 필요는 없었다. 장부를 반납한다는 것은 그가 재산에 대한 권한을 더는 갖지 못한다는 뜻이다. 그런데 그는 아직 장부를 돌려주지 않은 채 갖고 있었고, 그런 상황에서 이야기가 이어진다.

이 내러티브의 너무나 놀라운 점은, 청지기가 복권을 요청했다는 언급이 전혀 없다는 것이다. 수십 년간 중동의 문화를 관찰했던 케네스 베일리(Kenneth Bailey)는, 해고된 청지기가 복권을 간청하지 않는 경우를 단 한 번도 본 적이 없다고 말한다. 해고된 사람들은 다음과 같은 여러 주장을 내세운다. (1)내 아버지도 할아버지도 당신을 위해 열심히 일해 왔는데, 어떻게 나한테 그럴 수 있는가? ⑵나를 고발한 사람들이 누구인가? 그들을 데려와 직접 대면하게 해 달라. 왜냐하면 그들은 거짓말쟁이일 뿐이니까. ⑶그건 내 잘못이 아니었다. 우린 너무 바빴고, 그래서 몇몇 일들을 부주의하게 처리했다. 하지만 당신의 큰 아량으로 이번만 눈감아 달라. 그리고 이외에도 다양한 핑계들이 있었다.

청지기가 그런 항의를 하지 않았다는 것은, 그것이 별 소용이 없음을 알고 있었다는 말이다. 주인은 강직한 사람이기에, 그런 말 때문에 태도를 바꾸지는 않을 것이다.

청지기는 장부를 가지러 가면서, 자기 앞에 놓인 몇 가지 가능성을 헤아리며 혼잣말을 한다. 이제 그는 일자리를 얻어야 한다. 육체노동을 해야 할까? 그다지 체력이 좋지 않다. 그렇다면 구걸을 할까? 그러자니 부끄럽다. 그런 상황에서 모든 사람이 구걸을 부끄러워하지는 않는데, 우리는 그의 말을 통해 그에게 인간적 품위를 지키고 싶은 마음이 최소한 남아 있음을 알 수 있다.

그러다가 해결책 하나가 떠오른다. "이렇게 하면…사람들이 나를 자기 집으로 영접하리라." 1세기 스토아학파 철학자 에픽테토스에 따르면, 이 말은 '다른 일자리를 얻는다'는 뜻이다. 만약 자신이 사기 행위로 해고되었다는 사실이 새어 나가면 다시는 일을 얻지 못하리라는 사실을 청지기는 알고 있었다. 그가 고안한 새로운 계획은 두 가지 효과를 거두게 될 것이다. 첫째, 그의 기민함이 입증될 것이다. 둘째, 동시에 그의 미래를 위해 매우 중요한 결과로서, 그는 사람들에게 호감을 사고 심지어 고용될 자격을 얻을 것이다.

그는 자신과 주인 외에는 누구도 그가 해고되었다는 사실을 알지 못하는 그 짧은 시간적 기회를 서둘러 이용한다. 그는 채무자들(아마도 이 부자에게 땅을 빌린 사람들)을 개별적으로 불러서 먼저 이렇게 묻는다. "얼마나 빚졌느냐?" 이미 임대 계약서를 갖고 있는 그가 이렇게 질문한 것은 정보를 알기 위함이 아니다. 그는 채무자가 빚진 금액에 동의하도록 함으로써 협상을 시작하고 있다. 명세서에 나오는 금액과 채무자의 대답이 일치한다면 그들은 다음 단계로 진행할 수 있다. 그리고 만약 그렇지 않다면 흥정이 필요할 것이다.

첫 번째 채무자는 올리브유 100말을 빚졌다고 말한다. 이에 청지기는 명세서를 건네주며, 앉아서 50말이라고 쓰라고 한다. 이것은 엄청난 삭감으로 당시 올리브유 50말은 대략 500데나리온(농장 일꾼의 한 해 품삯)의 가치를 갖고 있었다. 주목할 점은 청지기가 채무자에게 명세서 내용을 직접 바꾸어 쓰도록 했다는 사실이다. 이는 거래 기록을 보는 누구든지 그 채무자가 이 거래에 직접 관여했음을 알 수 있게 하기 위한 조치였다.

이처럼, 도둑질한 죄로 해고된 청지기는 오히려 훨씬 더 많은 도둑질을 하는 것이 자기에게 유리한 선택이라고 판단한 것이다!

아랍의 주석가 이븐 알 타이브(Ibn al-Tayyib)는, 이 비유가 공적인 체면과 사적인 인식을 명확히 구분하는 '명예-수치'(honour-shame) 문화에 기반을 두고 있다고 지적한다. 공적인 체면은 개인의 명예를 유지해 준다. 이 경우, 채무자는 청지기가 해고된 사실을 몰랐고 당연히 빚의 삭감이 주인의 허가를 받은 내용이라고 생각했다는 공식적인 입장을 표명할 것이다. 반면 사적으로는 청지기와 자신 사이에 이루어진, 서로에게 이득이 되는 거래를 받아들일 것이다. 왜냐하면 "앉아 50이라 쓰라"는 청지기의 말은 이후에 50말의 이익을 둘이서 반으로 나누겠다는 의미이기 때문이다. 그렇게 공모 관계가 성립됨으로써 채무자가 이후에 주인을 찾아가 실제로 무슨 일이 일어났는지를 고할 가능성은 차단된다. 사람이 이보다 영리할 수 있을까! 나는 이 이야기가 어떤 사람에게도 영감을 주는 일이 없기를 바란다.

결말을 예측하기는 그리 어렵지 않다. 이토록 쏠쏠한

감면을 받은 채무자는 흡족한 마음으로 집으로 돌아가 가족과 친구들에게 채무 탕감에 관한 희소식을 들려줄 것이다. 그러면 그 소식은 삽시간에 퍼져 나가 결국에는 온 마을 사람들이 이 부자의 관대함을 칭송하게 될 것이다.

청지기는 장부를 돌려주고 조용히 떠난다. 얼마 지나지 않아 주인은 교활한 청지기가 벌인 사기 행각을 확인하게 된다. 그런데 도대체 어떤 식으로 손을 써야 하는가? 지금에 와서 그가 무엇을 할 수 있단 말인가? 채무자들에게 달려가, 그들이 상황을 완전 잘못 이해했고 청지기가 사기를 친 것이니 갚아야 할 돈은 그대로라고 말한다면 어떻게 될까? 즉시 축제 기분이 가라앉고, 주인은 끝없는 비방의 대상이 될 것이다.

유일한 선택지는 계속해서 관대한 사람으로 남는 것이다. 손실을 감당하면서 자신의 높아진 명성을 누리는 것이다. 주목할 점은, 그가 청지기를 해고하는 정도로 마무리했다는 사실이다. 이는 그의 넓은 도량을 보여 주는 또 하나의 표시다. 어쨌거나 그는 청지기를 감옥에 보낼 수도 있고 가족과 함께 노예로 팔아 버릴 수도 있었을 테니 말이다.

해고당한 청지기는 아마도 다시 일자리를 찾았을 것이다. 마을 주민들은 그가 어쨌든 그들의 돈을 아낄 수 있도록 해 주었고 앞으로도 그럴 수 있으니, 척지고 지내기보다는 그들을 위해 일하도록 하는 쪽이 더 낫다고 생각할 것이기 때문이다. 하지만 그는 철저히 감시받게 될 것이다.

이제 내러티브는 주인(예수님이 아님을 명심하라)이 청지기의 기민함을 칭찬하는 대목으로 흘러간다. 물론 그가 칭찬하는 것은 청지기의 부정행위가 아니다. 그가 이렇게 내뱉고 있는 것을 상상할 수 있다. '이런 영리한 사람을 봤나. 어쩜 그런 생각을 다 했지?'

이것은 청중의 마음을 일깨우기 위해 정교하게 고안된 매력적인 비유다. 이제 예수님은 이 비유를 적용하시는데, 이때 사용되는 용어에 주의를 기울여야 한다. 그분은 '빛의 아들들'인 제자들에게 이것을 적용하시지만, 분명히 청지기는 그런 사람이 아니었다. 그는 불의한 사람, 어둠의 아들이었다. 하지만 하나님을 믿는 빛의 아들들은 이 사람의 기민함으로부터 매우 중요한 어떤 것을 배울 수 있다.

분명히 해야 할 점은 예수님의 적용에서 불의한 쪽은 제자들이 아니라는 것이다. 불의한 것은 돈이고, 그래서 '불의의 재물'이라는 표현이 등장한다. 언뜻 보기에는 좀 이상하지만, 이 표현의 의미를 파악하기는 그리 어렵지 않다.

우리는 이 사회의 악으로 인해 부가 불균등하고 불공정하게 분배된다는 사실을 알고 있다. 가령 생명의 위협을 무릅쓰고 팬데믹과 싸우면서 탈진으로 내몰리는 간호사들이 받는 보수는, 정상급 축구선수 혹은 어떤 분야에서든 안전하게 일하는 전문직 종사자들이 받는 액수와 비교할 때 한 줌에 지나지 않는다. 이런 불공정함과 불의는 우리 문화에 너무 깊이 뿌리박혀 있어서, 인간의 본성을 고려할 때 이 현상을 바로잡을 수 있으리라는 희망을 품기가 너무 어렵다.

예수님은 이를 잘 알고 계셨고, 그래서 우리에게 정직한 청지기로서 행동하며 가진 것을 의롭게 사용하라고 말씀하신다. 그것이 어느 정도로 부패해 있는지를 차마 짐작조차 할 수 없을지라도 말이다. 큰 자동차 회사에서 높은 직책을 가진 한 신자가 있다고 생각해 보자. 그는 회사가 큰 수익을 내고 직원들의 연봉이 오른 이유가, 일부 엔지니어들이 배기가스 수치를 조작한 결과 판매량이 늘어났기 때문임을 모른다. 하나님의 관점에서 이 부는 오염되었다. 그렇다면 그 역시 이 악의 공모자인가? 만약 그가 자신의 월급 중 일부를 떼어 의료 선교 사역에 기부한다면 그 돈을 감사히 받은 사람들도 악의 협력자가 되는가? 아니면 예수님이 말씀하신 일이 일어나고 있다고 보아야 하는가?

다르게 표현하자면, 대부분의 부는 어떤 과정에서 부패하는 경향이 있다. 그리고 상당 부분, 교정은 차치하고 그에 대해 알기조차 불가능하다. 이 본문은 주님이 이런 정황을 잘 아신다고 말하는 듯 보인다. 그래서 강조점은 부패한 것을 솎아내는 데 있기보다, 의로운 '청지기'로서 '불의의 재물'을 가지고 실제로 무엇을 하느냐에 있는 것 같다.

우리가 불의한 청지기처럼 해고된 것은 아니지만, 이 세상에 일시적으로 살고 있다는 사실을 깨달을 필요가 있다. 우리는 미래의 불특정한 어느 시점에 이 세상을 떠나기 전까지 제한된 시간 동안만 영향력을 가질 수 있다. 어리석은 부자의 예상치 못했던 갑작스러운 죽음을 떠올려 본다면 그 시점은 생각보다 일찍 찾아올 수 있다. 예수님은 우리가 이곳에 있는 동안 **친구를 사귀는** 데 우리가 가진 것을 사용해야 한다고 말씀하신다. 그렇다면 어떤 종류의 친구를 말씀하시는 것일까? 불의한 청지기가 사귀었던, 사기를 눈감아 주고 불의한 일을 공모하는 그런 종류의 친구는 아닐 것이다. 앞의 비유에서 형편이 좋을 때만 반짝 친구였다가 돈이 떨어지고 나면 떠나는 탕자의 친구들도 아니다.

예수님은 제자들에게, 그리고 그들을 통해 이후 모든 시대의 신자들에게 말씀하신다. 우리는 우리를 "영주할 처소로 영접할"(눅 16:9) 친구를 사귀어야 한다. 즉 신자이거나 신자가 될 친구, 우리보다 먼저 하늘로 가서 주님과 함께 있다가 우리가 도착할 때 맞이해 줄 그런 친구를 사귀어야 한다.

아마도 이것은 많은 이들에게 다소 생소한 영역일 것이고, 그래서 그 유의미하고 중요한 함의를 이해하기 위해서는 얼마간의 노력이 필요하다. 먼저 알아야 할 것은, 이것이 탕자의 비유에서처럼 돈으로 친구를 '사는' 문제가 아니라는 점이다. 오히려 이것은 우리가 가진 소유를 통해 영원한 세계에서 친구의 범위를 확장하는 일이며, 그 친구들 중 다수는 우리가 이 땅에서 알지 못했던 사람일 수도 있다.

성경을 영어로 번역하는 틴데일의 작업을 재정적으로 후원했던 험프리 몬머스를 기억해 보라. 그리고 언젠가 일어나게 될 일을 생각해 보라. 우리 모두가 험프리 몬머스와 함께 하늘에 있는 그리스도의 심판대로 나아갈 것이다. 틴데일의 번역본을 읽고 회심한 무수히 많은 백성이, 그들의 회심에 중요한 역할을 한 것이 몬머스의 돈과 틴데일의 고된 작업이었음을 듣게 된다면 어떻게 반응할까? 두 사람을 친구로 받아들일 것이다. 이런 일은 조지 휫필드와 존 뉴턴의 설교를 듣고 회심한 수천 명의 사람이 레이디 헌팅던과 존 손턴을 만날 때도 일어날 것이다.

험프리 몬머스, 레이디 헌팅던, 손턴을 포함해 보이지 않는 곳에서 자신들의 일을 했던 수많은 후원자들은 다가올 세상을 위해 좋은 터를 쌓은 사람들이다.

이는 비단 부유한 후원자들에게만 일어나는 일이 아니다. 훨씬 소박한 차원에서도 마찬가지다. 그 한 가지 예를 소개하고자 한다. 케임브리지 대학교에 입학한 어느 의대생이 기숙사 방에서 혼자 외로움을 느끼고 있을 때 누군가가 노크를 했다. 그녀는 동료 학생이었고, 커피 한 잔을 같이 마실 것을 청했다. 함께 담소를 나누다가, 결국 이 의대생은 왜 자신과 커피를 마시고 싶어 했는지 이유를 물었다. 그러자 동료는 조용히 자신의 기독교 신앙에 대해 나누었다. 그리고 이 의대생이 자기 삶을 그리스도께 드리기까지는 그리 긴 시간이 걸리지 않았다. 나는 자신의 신앙을 나누어 준 그 학생이 누구인지는 알지 못한다. 하지만 그 의대생이 누구인지는 수십만 명의 사람들에게 잘 알려져 있는데, 그녀는 바로 헬렌 로즈비어(Helen Roseveare)다.

한번 생각해 보자. 이 동료 학생은 자신의 커피를 나누었다. 커피를 사기 위해서는 돈이 들고, 그녀는 돈을 아껴 둘 수 있었다. 하지만 그녀는 자연스럽게 우정을 표현하기 위해 그 돈을 사용하기로 했다. 그 만남을 통해 어떤 일이 벌어질지 그때는 전혀 알지 못했지만, 그것은 복음 후원의 놀라운 사례가 되었다. 헬렌 로즈비어의 선교 사역을 통해 신자가 된 수천 명의 아프리카인의 반응을 상상해 보라. 그들은 헬렌의 친구들이지만, 헬렌에게 커피를 건넨 그 동료도 그들에게 친구로 즉각 환영받지 않겠는가? 그녀는 다가올 세상에서 엄청나게 넓은 친구의 범위를 얻게 될 것이다.

불의한 청지기 비유는 돈에 관한 이야기다. 하지만 예수님이 이 비유를 통해 가르치고자 했던 원리는 앞서 언급한 다른 모든 종류의 부에도 적용될 수 있다. 사실 그 동료 학생은 돈을 사용했을 뿐 아니라 헬렌 로즈비어와 친구가 되기 위해 시간도 내주었다.

여기서 얻을 수 있는 핵심적이고도 매우 고무적인 교훈이 있다면, 이 과정이 누구에게나 열려 있다는 사실이다. 사실 그 일이 시작된 것은 그저 커피 한 잔 덕분이었다! 작은 것이 가지는 가능성을 보여 주는 놀라운 실례다. 결국 주님은 한 아이가 가진 떡 다섯 개와 물고기 두 마리를 가지고 오천 명을 먹이셨다. 비결은 그것들을 주님의 손에 드리는 것이다.

지금까지 살펴본 예수님의 비유가 우리에게 주는 교훈은 다른 무엇보다 다음 두 가지로 요약할 수 있다.

첫째, 하나님의 은혜는 너무나 놀라워서, 그분이 주신 것을 아무리 낭비했다 하더라도 결국 그분께로 돌이킨다면 회심한 탕자처럼 우리를 받아 주실 것이다.

둘째, 하지만 그분이 주신 것을 낭비하는 것은 심각한 문제이고, 영원히 심각하게 여겨질 것이다. 우리는 하늘에서 우리를 맞아 줄 친구를 만들기 위해 일의 부산물을 사용할 책임이 있다.

바울은 부유한 신자들을 향해 이와 유사한 원리를 표현한다.

> 그대는 이 세상의 부자들에게 명령하여, 교만해지지도 말고, 덧없는 재물에 소망을 두지도 말고, 오직 우리에게 모든 것을 풍성히 주셔서 즐기게 하시는 하나님께 소망을 두라고 하십시오.
> 또 선을 행하고, 좋은 일을 많이 하고, 아낌없이 베풀고, 즐겨 나누어주라고 하십시오.
> 그렇게 하여, 앞날을 위하여 든든한 기초를 스스로 쌓아

서, 참된 생명을 얻으라고 하십시오.. (딤전 6:17-19, 새번역)

여기서 바울은, **이 세상**의 부를 소유한 사람들이 이생에서 하나님 나라에 투자하여 미래를 위한 좋은 터를 쌓을 때 **앞날**에도 부유할 수 있다고 말한다. 이것이 유일한 합리적 투자 전략이다.

마지막으로, 현세에 부를 소유하지 못한 사람들은 어떻게 해야 할까? 신자들에게 "불의의 재물로 친구를 사귀라"(눅 16:9)고 말하는 것은 매우 좋은 일이다. 하지만 그렇게 할 수 있는 자원이 전혀 없다면 어떻게 될까? 이런 질문에 답하기 위해 예수님은 그런 상황에 처한 사람에 대한 또 하나의 이야기를 들려주신다. '비유'가 아니라 '이야기'라는 표현을 쓰는 까닭은, 나사로라는 개인적인 이름이 사용되면서 이것이 실제 인물에 관한 이야기라는 점이 분명히 드러나기 때문이다. 이것은 예수님의 다른 비유들에는 단 한 번도 나타나지 않는 특징이다. 부자의 이름은 명시되지 않는다는 사실은 두 인물의 상대적 중요도를 보여 준다.

부자와 나사로 (눅 16:19-26)

한 부자가 있어 자색 옷과 고운 베옷을 입고 날마다 호화롭게 즐기더라. 그런데 나사로라 이름하는 한 거지가 헌데 투성이로 그의 대문 앞에 버려진 채 그 부자의 상에서 떨어지는 것으로 배불리려 하매 심지어 개들이 와서 그 헌데를 핥더라. 이에 그 거지가 죽어 천사들에게 받들려 아브라함의 품에 들어가고 부자도 죽어 장사되매 그가 음부에서 고통 중에 눈을 들어 멀리 아브라함과 그의 품에 있는 나사로를 보고 불러 이르되, 아버지 아브라함이여 나를 긍휼히 여기사 나사로를 보내어 그 손가락 끝에 물을 찍어 내 혀를 서늘하게 하소서 내가 이 불꽃 가운데서 괴로워하나이다. 아브라함이 이르되, 얘 너는 살았을 때에 좋은 것을 받았고 나사로는 고난을 받았으니 이것을 기억하라 이제 그는 여기서 위로를 받고 너는 괴로움을 받느니라 그뿐 아니라 너희와 우리 사이에 큰 구렁텅이가 놓여 있어 여기서 너희에게 건너가고자 하되 갈 수 없고 거기서 우리에게 건너올 수도 없게 하였느니라.

이제 다루게 될 세 번째 이야기 역시 부자가 등장한다.

또 한 명의 주요 인물은 그의 대문 앞에 누워 있는 나사로라는 이름의 가난한 남자다. 나사로는 부자의 아들도, 청지기도 아니었다. 하지만 이야기가 펼쳐지면서 우리는 부자가 그의 존재를 인식하고 있었고 이름도 알았음을 알게 된다. 나사로는 부자에게서 아무것도 얻지 못했다. 성경은 나사로가 어쩌다 그런 비참한 상황에 놓이게 되었는지 말해 주지 않는다. 그는 배고팠고, 부자의 상에서 떨어지는 부스러기라도 얻을 수 있기를 바라는 처지였다(돼지 밥이라도 얻어먹기를 바랐던 방탕한 아들의 처지를 떠올리는 대목이다). 하지만 부자는 자기 부를 가지고 나사로를 도우려는 어떤 시도도 하지 않았다. 나사로가 얻을 수 있었던 유일한 위안은 상처를 핥아 주는 경비견들(당시에는 개를 애완용으로 키우지 않았다)의 동정이었다.

나사로가 가진 것은 아무것도 없었다. 그에게는 친구도 없었다. 그러므로 그에게 불의한 청지기 비유를 설교하는 것은 극도로 무감각하고 잔인한 일일 것이다. 먹을 것도 잘 곳도 충분치 않고 아무것도 가진 것 없는 그에게 불의한 재물로 친구를 사귀라(예를 들어 복음 후원자가 되는 식으로)는 말을 과연 할 수 있겠는가?

그런 두 사람이 죽었다. 나사로는 영예롭게 되어 천사들에게 이끌려 하늘에 있는 아브라함에게로 갔다. 반면

6. 부의 관리자

부자는 건널 수 없는 구렁텅이를 두고 하나님과 떨어져 음부로 내려와 있는 자신을 발견했다. 그런데 부자는 저 멀리 하늘에 있는 나사로를 보았고 아마도 깜짝 놀랐을 것이다. 나사로는 성경에서 하나님의 벗이라고 불리는 몇 안 되는 사람(약 2:23), 다름 아닌 아브라함과 함께 즐거워하고 있었다.

이 본문의 주요한 교훈은 명백하다. 바로, 하나님은 보상해 주시는 하나님이다. 그분은 사람들이 이 세상에서 갖지 못했던 것을 오는 세상에서 채워주실 수 있다. 그분은 아무런 잘못도 없이 이 세상에서 친구를 갖지 못했던 사람들에게, 오는 세상에서 친구를 허락해 주신다.

누가는 또 한 사람의 부자와 예수님의 만남에 관한 이야기도 들려준다. 관원이었던 그는, 나사로나 하나님을 위해 쓸 시간이 전혀 없었던 그 부자와는 매우 다른 태도를 보여 준다.

부자 관원 (눅 18:18-30)

어떤 관리가 물어 이르되, 선한 선생님이여 내가 무엇을 하여야 영생을 얻으리이까. 예수께서 이르시되, 네가 어찌하여 나를 선하다 일컫느냐 하나님 한 분 외에는 선한 이가 없느니라. 네가 계명을 아나니 간음하지 말라, 살인하지 말라, 도둑질하지 말라, 거짓 증언 하지 말라, 네 부모를 공경하라 하였느니라. 여짜오되, 이것은 내가 어려서부터 다 지키었나이다. 예수께서 이 말을 들으시고 이르시되, 네게 아직도 한 가지 부족한 것이 있으니 네게 있는 것을 다 팔아 가난한 자들에게 나눠 주라 그리하면 하늘에서 네게 보화가 있으리라 그리고 와서 나를 따르라 하시니, 그 사람이 큰 부자이므로 이 말씀을 듣고 심히 근심하더라. 예수께서 그를 보시고 이르시되, 재물이 있는 자는 하나님의 나라에 들어가기가 얼마나 어려운지 낙타가 바늘귀로 들어가는 것이 부자가 하나님의 나라에 들어가는 것보다 쉬우니라 하시니, 듣는 자들이 이르되 그런즉 누가 구원을 얻을 수 있나이까. 이르시되, 무릇 사람이 할 수 없는 것을 하나님은 하실 수 있느니라. 베드로가 여짜오되, 보옵소서 우리가 우리의 것을 다 버리고 주를 따랐나이다. 이르시되, 내가 진실로 너희에게 이르노니 하나님의 나라를 위하여 집이나 아내나 형제나 부모나 자녀를 버린 자는 현세에 여러 배를 받고 내세에 영생을 받지 못할 자가 없느니라 하시니라.

상당한 재산을 소유한 신자들과 많은 대화를 나누면서 내가 알게 된 것은, 주는 것과 관련된 주제가 나오면 그들이 어떤 불안감을 느낀다는 사실이다. 어떤 이들은 결국 자기 소유를 전부 팔아 자선단체에 기부하라는 도전을 받게 될까 봐 두렵다고 솔직하게 시인하기도 했다. 그리고 이런 두려움 때문에 그 주제에 대한 어떤 내용도 더는 듣지 못한다.

이와 정반대로, 어떤 신실한 신자들이 예수님이 부자 관원에게 하신 말씀을 자신에게 그대로 적용하려 하여, 충분한 생각 없이 가진 모든 것을 팔아 자선단체에 기부하기도 했다. 그중에는 결국 친척에게 의존하게 되는 사람들도 나타났는데, 그 과정에서 친척들이 기독교에 완전히 등을 돌리게 되는 일이 벌어지기도 했다.

이것이 이해할 만한 일인 것은, 기독교는 부양가족을 돌보지 않는 것은 이방인보다 못한 일이라고 가르치기 때문이다. 가진 모든 것을 팔아 가난한 사람에게 주는 것은 이 말씀의 취지와 다르다. 먹을 음식을 모두 나누어 주고 나면 가족의 생계를 책임질 수 없다.

예를 들어, 삭개오가 재산의 절반을 가난한 이들에게 주겠다고 했을 때, 예수님은 절반으로는 부족하니 전부를 팔라고 꾸짖지 않으셨다(눅 19:1-10). 바울 역시 회심한 루디아에게 집을 팔아 가난한 사람들에게 주라고 말하지 않았다. 오히려 그는 기쁜 마음으로 루디아의 집을 활동 근거지로 사용했다(행 16:11-15). 이외에도 유사한 사례는 아주 많으며, 이것들이 결국 말해 주는 바는 주님은 신자들이 자신이 가진 부의 책임 있는 청지기가 되기를 기대하신다는 것이다.

그렇다면 우리는 이 부자 관원과 예수님의 만남을 어떻게 생각해야 할까?

이 본문은 예수님이 군중을 향해 하나님 나라를 어린아이와 같이 받아들여야 그 나라에 들어갈 수 있다고 이야기하신 직후에 등장한다. 이때 호기심이 생긴 관원은 무엇을 해야 영생을 얻을 수 있는지 예수님께 묻는다. 이런 질문으로 미루어 볼 때, 그는 하나님 나라의 영원한 삶을 얻기 위해 그의 상당한 재산을 이용할 수 있다고 생각한 것 같다. 그때까지 수없이 많은 것들을 돈으로 산 것처럼 말이다. 그런 생각을 했다는 사실은 그가 왕이신 분과 그분이 다스리는 나라에 대해 제대로 이해하지 못하고 있었음을 드러낸다. 그는 예수님을 '선한 선생님'이라 부르는데, 다음과 같은 예수님의 대답에 움찔했을 것이다. "어찌하여 나를 선하다 일컫느냐? 하나님 한 분 외에는 선한 이가 없느니라." 그는 정말로 예수님이 하나님이라 생각한다고 말하려 했을까? 데이비드 구딩의 해설은 다음과 같다.

> 그것은 사소한 신학적 논쟁이 아니었다. 만약 예수님이 정말로 성육신한 하나님이시고 관원이 그 사실을 알았다면, 그분이 무엇을 말씀하시든 두말없이 그대로 실행할 마음이 있었을 것이다. 하나님 나라에 들어가기를 요청하면서도 왕이 말씀하시는 바를 처음부터 거부한다는 것은 말이 안 된다. 그 관원은 예수님의 말씀대로 할 마음이 전혀 없었다. 그러므로 '선한 선생님'은 그저 예의 바른 인사에 불과했음이 드러난다.[35]

자신이 무엇을 할 수 있는지와 관련해, 그는 하나님의 계명을 몰랐을까? 여기서 예수님은 그중 다섯 개를 그에게 인용해 주기도 하셨다. 물론 그는 자신이 그 계명들을 오랫동안 지켜 왔다고 주장한다. 계속해서 구딩은 이렇게 말한다.

> 돌아보면 그는 영생을 얻기 위해 무엇을 해야 하는지 물

---

35 *According to Luke*, p. 311.

으며 주님께 나아왔다. 그리스도는 영생뿐 아니라 보화까지 얻을 방법을 그에게 말씀하신다(눅 18:22). 하지만 그는 하늘의 보화와 이 땅에서 쌓은 상당한 소유물 사이에서 선택해야 한다는 사실을 알게 되면서, 둘 중 후자가 결국 더 가치 있다고 판단을 내린다. 이것이 바로 부유한 사람들이 봉착하는 어려움이다. 소유에 집착하는 태도는 하나님 나라가 임할 때 이루어질 심판에 대비하지 못하게 한다(17:26-33). 뿐만 아니라, 현재의 소유 때문에 하나님 나라가 극도로 가치 있는 것으로 보이지 않는다. 하나님 나라는 기껏해야 자신의 부에 기꺼이 추가할 수 있는 어떤 것에 불과하다. 그 과정이 용이하다면 말이다. 하지만 다른 모든 것을 제외하고 그것만 선택할 만큼 가치 있지는 않다. 하나님 나라를 그런 식으로 생각한다면, 과연 정말로 그곳에 들어갈 마음이 있기나 한지 의심해 보아야 한다.[36]

주변에 있던 사람들은 그 말씀을 들으면서 구원이 불가능한 것이라고 여긴 듯하다. 하지만 예수님은 이렇게 대답하신다. "사람이 할 수 없는 것을 하나님은 하실 수

---

36 같은 책, p. 311.

있느니라." 그리고 실제로 그곳에는 모든 것을 버려두고 그분을 따라온 제자들이 서 있었다. 그중 한 제자인 베드로가 그 사실을 언급하자, 예수님은 하나님 나라를 위해 집이나 친척을 버린 제자라면 누구든 내세에서뿐 아니라 현세에서도 풍성한 보상을 받을 것이라고 말씀하신다. 즉, 예수님은 그들이 버린 것보다 훨씬 많은 것으로 보상해 주겠다고 약속하신다.

먼저 예수님을 주님으로 모시고 그분을 따르면 그분이 필요한 것을 공급해 주신다는 중요한 원리를 이 부자 관원이 알고 있었는지는 확실치 않다. 하지만 일단 예수님을 가장 중요하게 여겨야 하는데, 그는 그럴 준비가 되어 있지 않았다. 이후에 바울은 모든 것을 잃고 난 후에도 자신의 마음은 주님이 그 상실을 보상해 주신 것에 대한 감사로 가득 찼다고 쓴다. 예를 들어, 주님은 그를 보살펴 주는 셀 수 없이 많은 친구를 주셨다.

이 모든 것을 고려할 때, 우리는 주님이 모든 사람을 동일한 방식으로 다루기보다 각자의 상황과 필요에 맞게 대하신다는 사실을 알 수 있다. 그리고 우리는 '네, 주님, 제가 주님의 말씀대로 하겠습니다'라고 대답하고, 결정의 결과를 그분께 맡겨야 한다. 우리는 부르심에 대한 참된 반응이 그분이 성경에 기록하신 원리나 가르침과 혹

여라도 어긋날까 염려할 필요가 없다.

악과 접촉하는 문제

여기서부터는 조금 다른 문제를 다루어야 할 것 같다. 우리는 일을 하면서 악과 접촉하거나 악을 다루는 문제를 피해 갈 수 없는 지점에 다다르는 때가 무척 많다. 우리는 이미 예수님의 가르침에서 '불의의' 재물이라 불리는 것을 통해 이 사실을 확인한 바 있다. 불의의 재물이란 경제 제도 안에서 어떤 식으로든 불의로 오염된 돈을 말한다.

악에 개입하는 다양한 수준은 완전한 공모에서부터 전적인 비개입에 이르기까지 연속선상에 존재한다. 이를 이해하기 위해 도덕 신학자들과 윤리학자들은 의도적 협력과 비의도적 협력, 능동적 협력과 수동적 협력, 그리고 직접적(혹은 물리적으로 가까운) 협력과 간접적 협력 간의 상식적인 구분을 설정하고자 한다. 이들은 또한 악의 대안을 모색하는 것의 중요성을 강조하며, 악과 협력하는 정도를 그것이 발생시킬 선한 도덕적 결과에 견주어 신중

히 조절할 필요성을 제기한다.[37]

문제는 우리가 타락한 세상에 살고 있다는 사실에서 비롯된다. 창세기 3장에서 보듯 인간이 하나님께 불순종하여 죄가 세상에 들어오면서, 하나님과 우리의 관계가 깨어졌을 뿐 아니라 자연 전체가 손상을 입었다. 죄의 얼룩이 온 세상을 덮고 있다. 우리가 복잡하고 상호 연결된 인간 사회에 참여하고 있다는 사실은, 우리가 죄악된 인간으로서 일정 정도 악과의 접촉과 협력, 심지어 공모를 피하기가 힘든 정황에 처하게 된다는 의미다.

몇 가지 예시를 살펴보기 위해, 옷이나 신발을 구매하는 일상적인 일들을 우선 떠올려 보자. 비극적이게도, 판매 중인 상품 중에 아동 노동으로 생산된 것들이 있다. 예를 들어, 어떤 인터넷 대기업에서 이러한 상품의 출처에 개의치 않고 그 물건을 팔고 있다는 사실을 알게 되었을 때, 우리는 선택의 기로에 서게 된다. 우리는 그곳을 더는 이용할 필요가 없으며, 다른 곳에서 더 윤리적인 쇼핑을 하겠다는 도덕적 결정을 내릴 수 있다.

그렇다면 해양을 오염시키고 바다 생물들을 죽이는 플라스틱과 여타 물질을 무분별하게 사용하는 행위에 대

---

37 예를 들어, https://www.ewtn.com/vote/moral-cooperation-in-evil.asp를 보라.

해서는 어떻게 해야 할까? 동물학자 데이비드 애튼버러(David Attenborough)가 이 문제에 대한 경각심을 고취하기 위해 제작한 탁월한 다큐멘터리 영화들을 참고하기 바란다.

믿을 수 없을 만큼 잔혹한 환경 속에서 사육되는 닭이나 여타 가축류를 먹는 문제는 어떨까? 우리는 보통 그 동물들이 어떤 식으로 취급되는지는 생각해 보지 않은 채 소비하곤 한다.

화장품과 의약품 제조를 위한 동물실험의 문제도 생각해 보자. 한때, 동물들이 받는 고통은 고려하지 않고 화장품 제조를 위해 동물을 실험 대상으로 삼곤 했다. 그리고 많은 사람이 그 과정에 대해 아무런 생각 없이 화장품을 사용했다. 스테판 카베네(Stefane Kabene)와 사이드 바델(Said Baadel)이 2019년에 발표한 논문 "생명윤리: 영국 내 의약품 및 화장품 생산 과정에서의 동물실험에 대한 고찰"(*Bioethics: a look at animal testing in medicine and cosmetics in the UK*)을 보면, 다행히도 2013년에 영국을 포함한 유럽 연합 국가들이 화장품 생산을 위한 동물실험을 전면 금지했음을 알 수 있다. 하지만 미국이나 중국 같은 곳에서는 여전히 그 관행이 지속되고 있다.

이 저자들은 또한 매년 5천만에서 1억 마리에 달하는

동물이 실험 목적으로 사용되고 있고, 2010년에는 미국에서만 137만 마리 이상의 동물이 약물 실험에 사용되었다고 지적한다. 그리고 다음과 같이 말한다. "인간 유전학 실험은, 인간을 대상으로 한 실험 절차를 어떻게 설계할 것인가 하는 문제와 함께, 의학 및 생명과학 연구자들에게 다양한 법률적·윤리적 고민을 안겨준다. 이러한 실험 과정은 피실험자의 유전자나 생리학적 측면에 손상을 일으키는 경우가 많기 때문에 문제가 된다. 일반적으로 이런 실험은 피실험자를 의도적으로 질병에 노출시키고 유전자 조작을 가하는 방식으로 이루어지며, 그 결과 실험 대상의 안락사를 요구하는 경우가 대부분이다."[38]

우리는 우리가 정기적으로 섭취하는 수많은 약이 윤리적으로 '깨끗한지' 한 번이라도 생각해 본 적이 있는가? 특정 약물이나 백신을 그 출처 때문에 비난하기에 앞서, 우리 스스로도 그 출처에 대해 아무것도 모른 채, 비슷한 방식으로 만들어졌을지도 모르는 약이나 백신을 사용해 왔다는 점을 신중히 돌아볼 필요가 있다.

이것들을 포함한 여러 사례에서 차이를 만드는 것은 앎의 문제다. 이는 우상에게 바쳐진 후 신전의 시장에서

---

38 J Med Ethics Hist Med. 2019; 12: 15. 2019년 11월 12일 온라인으로 출간. doi: 10.18502/jmehm.v12i15.1875.

판매되는 음식을 그리스도인이 먹어도 되느냐의 문제와 관련해 신약성경이 제시하는 원리다.[39] 고린도 교회를 향해 바울이 내린 결론은, 그들이 하나님 앞에서 깨끗한 양심을 가지고 자신 앞에 차려진 음식을 먹을 수 있고 마땅히 그래야 한다는 것이다. 그리고 그 출처의 문제를 스스로 제기할 필요가 없다. 하지만 그 집의 주인이 우상에게 바쳐진 음식이라는 사실을 밝힌다면, 그리스도인으로서 우상숭배에 대한 관점을 분명히 표현하고 그 음식을 거절해야 한다.[40] 그렇게 하지 않는다면, 그들도 우상숭배라는 악의 공모자가 될 것이다. 아는 것이 문제의 핵심이다.

이따금 제기되곤 하는 또 하나의 문제는, 그리스도인으로서 찬성할 수 없는 행위를 고용주가 하고 있을 때, 그가 우리를 연루시킬 의향이 전혀 없음에도 우리는 그 직장을 떠나야 하는가 하는 것이다. 내 견해는, 내가 사람들 앞에 드러나는 방식에 그의 행위가 어떤 영향을 미치는지에 따라 다르다는 것이다. 예를 들어, 내가 일하는 회사의 최고경영자가 아내를 두고 바람을 피우는 사람으

---

39 이것은 로마서 14장이 다루는 쟁점과 다르다는 점을 유의하라. 로마서 본문에서는, 음식법이 기본적으로 하나님이 주신 것이며 우상숭배와는 아무런 관련이 없다.

40 고린도전서 8장을 보라.

로 유명한데, 그는 내가 개인적으로는 알지 못하는 사람이라고 하자. 나는 신자로서 그의 행위를 승인할 수 없다. 하지만 이 사람이 내가 일하는 회사의 최고경영자라는 사실 때문에, 내가 접촉하는 사람들 사이에서 나의 신앙적 증언이 힘들어지리라 보기는 어렵다.

한편, 내가 다니는 회사가 해외의 아동 노동을 이용하면서 외국인 노동자 최저임금에 못 미치는 돈을 지불하고, 전면적으로 환경을 파괴해 온 사실이 밝혀졌다고 하자. 이때는 내가 그런 행위의 공모자로 보일 수 있고, 따라서 그리스도인으로서 내 입장을 숙고해 보아야 할 것이다.

앞서 우리는 고린도 같은 도시의 그리스도인 사업가들이 직면한 상황을 살펴본 바 있다. 사업이 성공하려면 상인 길드에 소속되어야 했고, 소속된 사람들은 종종 이방신에게 제물로 바친 음식을 먹는 의식에 참여했다. 바울은 그들에게, 그와 같은 재정적 이득은 영적으로 연루되지 않을 수 없으며, 그로 인해 타협하게 된다고 지적한다.

여러분은 불신자들과 연합하지 마십시오. 의와 악이 어떻게 하나가 되며 빛과 어두움이 어떻게 어울릴 수 있겠습니까? 그리스도와 마귀가 어떻게 조화될 수 있으며 믿는 사람과 믿지 않는 사람이 어떻게 같은 것을 소유할 수 있겠습니까? 또 어떻게 하나님의 성전과 우상이 하나가 되겠습니까? 우리는 살아 계신 하나님의 성전입니다. 하나님께서도 이렇게 말씀하셨습니다.

'내가 그들과 함께 살며 그들과 함께 하여 나는 그들의 하나님이 되고 그들은 내 백성이 될 것이다. 그러므로 너희는 그들 가운데서 나와 따로 있고 더러운 것을 만지지 말아라. 그러면 내가 너희를 맞아들이겠다. 나는 너희 아버지가 되고 너희는 내 자녀가 될 것이다. 전능한 주의 말이다.' (고후 6:14-18 현대인의성경)

이것은 매우 어려운 부르심이다. 여기서 하나님은, 손해를 볼지라도 길드에 가담하는 타협을 거부하고 값비싼 대가를 치르고 증인대에 설 준비가 된 이들에게 아버지가 되겠다고 약속하신다.

하지만 대가가 필요하고 어려운 상황이라 하더라도 언제나 거리두기를 할 수는 없다. 빠져나갈 선택지가 우리에게 늘 주어지지는 않는다. 예를 들어 정부가 우리가 내는 세금을 우리가 보기에 나쁜 목적을 위해 사용할 수 있다. 하지만 예수님은 황제에게 세금을 내라고 가르치셨다(막 12:17). 그리고 동일한 원칙 때문에 오늘날 우리는 납세를 그리스도인의 의무로 여긴다. 만약 납세를 거부한다면 감옥에 가야 할지도 모르고, 그렇게 되면 다른 납세자들에게 감옥 유지 비용을 부담시키는 일에 공모자가 되는 셈이다. 이것은 결코 도덕적으로 변호할 수 있는 입장이 아니다! 게다가 이런 상황에서는 가족이 위기에 빠질 수밖에 없는데, 이는 그리스도인에게 결코 용납될 수 없는 문제다. 하나님은 이러한 세금 수입을 가지고 악을 저지르는 정부와 우리를 공모 관계로 보지 않으신다. 의심의 여지 없이 그분은 정부에 책임을 물으실 것이다. 따라서 우리는 최종적 심판을 그분께 맡겨야 한다.

세계의 특정 지역에 만연한 또 하나의 악이 있는데, 바로 폭력단의 갈취 행위다. 예를 들어, 이탈리아의 마피아는 돈을 주지 않으면 과수원을 불태우고 농기계를 약탈할 것이라고 농부들에게 압력을 행사한다. 그리스도인이라면 어떻게 해야 하는가? 돈을 주지 않는다면 재산을 빼앗기거나 생명을 잃을지도 모른다. 이런 일을 직접 당했던 어떤 사람들은, 돈을 주는 것을 일종의 세금 납부 혹은 상황을 정리하는 방식으로 보아야 한다고 말한다. 왜냐하면 예수님이 우리에게 세금을 내라고 말씀하셨기 때문이다.

한편 지구상에는 사회의 모든 차원이 뇌물 수수로 돌

아가는 국가들이 많다. 그래서 계약 시에 '떡값'을 주지 않으면 어떤 일도 성사되지 않는다. 이런 상황에서 그리스도인들은 사업을 운영하기가 매우 힘들고 심지어 불가능하다는 것을 알게 된다. 약이 귀해 뇌물 없이는 약을 구할 수 없는 곳에서 그리스도인은 어떻게 해야 하는가? 게다가 뇌물을 받는 그 사람들이 가난해서 돈이 필요한 경우라면? 다행히도 그런 문제가 잘 발생하지 않는 사회에 사는 우리가 그런 사람들을 정죄할 수 있는가? 이런 문제들은 종종 가슴 아플 만큼 복잡하고 어려우며, 명확한 해답이 없다. 따라서 우리는 도덕적 우위에 서서 설익은 판단을 내리기 전에 신중할 필요가 있다.

사도 바울은 로마의 그리스도인들에게 이렇게 말했다. "각 사람은 위에 있는 권세들에게 복종하라. 권세는 하나님으로부터 나지 않음이 없나니 모든 권세는 다 하나님께서 정하신 바라"(롬 13:1). 그 당시의 황제는 잔인하고 무도한 네로 황제였다. 바울은 로마 시민으로서 로마의 사법제도에 호소했다. 물론 그 제도가 부패해서 자신의 문제를 공정하게 다루어 줄 가능성이 희박함을 알고 있었고, 결국 사형을 당했지만 말이다.

삭개오

성경도 악과의 접촉이라는 문제의 한 측면을 다루고 있다. 의사였던 누가가 삭개오라는 사람에 대해 기록한 유명한 이야기를 생각해 보자. 삭개오는 로마 권력과 결탁하여 큰 부를 쌓은 연유로 지역 주민들의 혐오를 받고 있었다. 작달막한 체구의 삭개오는 동네를 지나가시는 예수님을 보고 싶어서 나무 위로 올라갔다. 누가는 이렇게 묘사한다. "예수께서 그곳에 이르사 쳐다보시고 이르시되, 삭개오야 속히 내려오라 내가 오늘 네 집에 유하여야 하겠다 하시니, 급히 내려와 즐거워하며 영접하거늘 뭇 사람이 보고 수군거려 이르되, 저가 죄인의 집에 유하러 들어갔도다 하더라"(눅 19:5-7).

삭개오의 집과 귀빈이신 주 예수님께 대접한 음식은 세금을 갈취하는 일로 얻은 산물일 가능성이 컸다. 하지만 예수님은 그의 환대를 분명히 받아 주셨다. 예수님께는 죄가 없었다. 그분은 삭개오가 한 행동의 공모자도, 악의 협력자도 아니었다. 구경꾼들은 예수님이 죄인의 환대를 받아들여 타협함으로써 공모자가 되었다고 생각했지만 말이다.

이날 예수님이 삭개오의 초대를 받아들인 결과, 그가 주님을 기쁜 마음으로 영접하는 일이 일어났다. 그리고 삭개오는 예수님께 이렇게 말한다. "주여, 보시옵소서. 내 소유의 절반을 가난한 자들에게 주겠사오며 만일 누구의 것을 속여 빼앗은 일이 있으면 네 갑절이나 갚겠나이다." 그러자 예수님이 말씀하신다. "오늘 구원이 이 집에 이르렀으니 이 사람도 아브라함의 자손임이로다. 인자가 온 것은 잃어버린 자를 찾아 구원하려 함이니라"(눅 19:8-10).

우리는 이제 불의한 청지기 비유에서 끌어낸 교훈, 즉 '불의의 재물' 사용에 대한 멋진 예시를 확인하게 될 것이다. 삭개오는 주님을 만났을 때 엄청나게 많은 불의의 재물을 가지고 있었다. 그러다 삭개오의 마음에 변화가 일어나고, 예수님에 대한 믿음으로 말미암은 구원을 받아들인다. 그래서 예수님은 그를 '아브라함의 자손'이라고 칭하신다. 이 경험은 소유에 대한 그의 태도를 완전히 변화시키고, 그의 부가 그것을 가능케 한 갈취 행위로 인해 심각하게 오염되었음을 깨닫게 한다. 그래서 아무런 강제 없이도 재산의 절반을 가난한 사람들에게 나누어 주겠다고 말한다. 추정컨대, 이들은 세금을 낼 여력이 없어서 삭개오가 세금을 징수하지 못한 사람들일 것이다. 중요한 것은 삭개오가 받은 구원이 그의 관대함에 따른 것이 아니라는 점이다. 그가 보인 관대함은 그가 받은 구원의 열매이고, 구원의 진정성을 입증한다. 그것은 구원의 뿌리가 아니었다. 왜냐하면 구원은 행위에서 오지 않기 때문이다(엡 2:8-9).

삭개오가 관대함을 베푼 결과는 당연히 가난한 사람들이 삭개오의 소유물들을 받고 유익을 얻는 것이었다. 그 소유물들은 그가 시인한 대로 납세자들에게 부정한 방법으로 뜯어낸 것이었다. 하지만 예수님은 삭개오가 그렇게 한다면 그 수혜자들도 악한 행동의 공모자가 될 수 있다는 취지의 말씀을 하지 않으신다. 그리고 삭개오는 거기서 멈추지 않고, 자신에게 세금을 낸 사람들에게 갈취한 돈의 네 배를 돌려주겠다고 서약한다. 이는 이 사람들 또한 그의 악한 행위로부터 유익을 얻게 된다는 뜻이다. 그러나 이것이 곧 그들이 악에 오염된다는 뜻인가? 성경에는 그런 암시조차 나타나지 않는다.

삭개오의 이야기는 이 문제가 얼마나 복잡한지를 이해하게 해 준다. 그리고 그것에 어떻게 대처하고, 악에 지지 말고 선으로 악을 이기라는 바울의 명령(롬 12:21)을 어떻게 성취할 수 있는지를 보여 준다. 하나님은 악에서 선을 만들어 내시는 분이다.

지금까지 살펴본 내용들은, 사방에 악이 도사리고 있는 타락한 세상에서 살아가는 문제에 대한 몇 가지 예시일 뿐이다. 주님 앞에서 어려운 도덕적 결정을 내려야 할 때, 우리는 성경과 기도를 통해 도덕적·영적 안테나를 미세하게 조정해야 한다.

전략적으로 계획 세우기

회개와 회심을 경험한 삭개오는 자신이 저지른 일을 배상하고자 하는 즉각적인 열망으로 가득 찼다. 그리고 누가는 그가 의도한 바를 실행하기 위해 세운 전략에 관해 이야기한다. 하지만 많은 그리스도인의 경우, 그들에게 맡겨진 부는 삭개오와 달리 정직한 수단으로 얻은 것이다. 그들은 그 부의 일부를 나누고자 하는 마음이 있지만, 도움을 요청하는 곳이 너무나 많아 어디서 시작해야 할지 판단하기가 어렵다. 그리고 나는 자신이 베푼 관대함이 오용되는 상황에 상처받고 실망한 경험과, 그로 인해 다시 후원에 참여하기가 꺼려지는 혼란스러운 마음을 많은 신자에게 들어 왔다. 이런 반응은 다시 죄책감과 더불어 자신이 옹졸하고 인색한 사람이라는 느낌을 불러일으킨다. 이것은 매우 부유한 기부자들만의 경험이 아니며, 내가 느끼기에 대다수 그리스도인이 이런 실망감을 경험해 온 것 같다. 따라서 우리는 앞으로 나누는 삶에 도움이 되는 원리를 도출해 낼 수 있도록, 이 문제를 부끄러움 없이 정직하게 다룰 필요가 있다. 나는 이 문제와 관련해 많은 사람에게 조언을 구했고, 익명으로(이해할 만한 일이다) 자신들의 지혜를 나누어 준 사람들에게 감사하고 있다.

한편, 전략적 자원 그룹(Strategic Resource Group, '고액 기부자'라 불리는 사람들을 연결해 주는 단체)은, 경험 많은 기부자들에게 자문을 구해 현명한 기부 원칙을 수립했다.

첫 번째 원칙은, 특히 상당한 액수일 경우 돈을 보내기 전에 시간과 노력을 들여 잠재적 수혜자가 될 개인 혹은 단체와 신뢰 관계를 쌓으라는 것이다. 그러기 위해, 당신이 관심을 느끼는 프로젝트를 운영하는 사람에 대해 알아 가고, 무엇보다 성공 가능성, 투명성, 비용 효율성, 지속 가능성 등에 대해 직접적인 질문을 던져야 한다. 한마디로, 주님이 맡기신 것을 책임 있게 관리하는 청지기로서, 실사 절차를 밟아야 한다. 그러기 위해 같은 프로젝트를 후원하고 있는 다른 기부자들을 알아 가고 그들의 경험에 대해 들을 필요가 있다. 또한 프로젝트에 후원한 돈에서 간접비와 관리비로 책정되는 부분이 어느 정도이며 사실상 얼마의 돈이 프로젝트에 투입되는지 알아볼 필요도 있다. 무책임은 결코 미덕이 아니다. '그냥 나만 믿어' 같은 유의 사고방식을 경계하라.

또한 우리는 풍요로운 사회에 만연한 '돈이 모든 것을

해결한다'는 사고방식도 경계해야 한다. 문제의 성격을 우선으로 숙고하지 않고 그 문제 해결에 투입할 자원의 규모에만 중점을 두는 것은 매우 위험한 발상이다.

냉전 시기에 철의 장막 너머의 교회를 돕고자 하는 큰 움직임이 있었고, 이는 그 자체로 매우 바람직한 목표였다. 하지만 몇몇 부유한 서구 교회가 돈, 서적, 교회 시설물, 악기 등을 기부하면서 불건전한 통제력을 행사하고, 심지어 어떤 교회에는 신학의 문제까지 간섭하려 들었다. 탐욕의 위험은 매우 컸고, 실제로 나는 그런 국가들의 겸손한 신자들로부터 서구의 돈이 일으킨 파괴적 영향에 대한 비판의 말을 종종 들었다. 또한, 서구의 기독교 단체들도 기부에 의존하는 경향이 있어서, 단체의 책자를 출간할 때 후원자의 기부로 어떤 일이 이루어졌는지에 대해 '흥분되는' 이야기를 만들어 내야 한다는 압박에 시달린다. 이런 상황은 후원자가 주머니를 더 많이 열도록 이야기를 과장하거나 심지어 지어내려는 유혹에 빠뜨린다.

생각해 보기

1. 당신이 보기에 어리석은 부자는 어떤 지점에서 잘못을 저질렀는가? 우리도 같은 잘못을 저지르지 않기 위해 어떻게 해야 하는가? 우리는 어느 정도까지 미래를 대비해야 하는가?

2. 탕자와 불의한 청지기는 모두 재산을 낭비했는데, 그들의 차이점은 무엇인가? 그것에서 우리는 어떤 교훈을 얻을 수 있는가?

3. 기독교 신자들은 어차피 하늘나라에 가게 될 텐데, 그들이 재산을 낭비하는 것이 크게 문제가 되는가?

4. 불의한 청지기 비유에서 예수님이 끌어내신 교훈은 무엇인가? 그것을 어떻게 자신에게 적용하겠는가? 당신은 어떻게 '불의의 재물'로 친구를 사귈 수 있는가? 경험이 있다면 말해 보라.

5. 예수님이 부자와 나사로 이야기를 들려주신 이유가 무엇

이라고 생각하는가?

6. 부자 관원 이야기가 들려주는 메시지는 무엇인가?

7. 당신의 경험을 사례로 들어, 불가피하게 악과 접촉해야 하는 문제에 관해 설명해 보라.

8. 기독교 사역에 후원한 후 실망한 경험이 있는가? 당신은 어떻게 대처했는가?

9. 특정한 사람이나 대의를 위해 기부하기 전에 밟아야 할 실사 절차 중 당신이 중요하게 여기는 것은 무엇인가? 이 문제를 두고 다른 사람들과 논의해 보라.

7.
일에 대한 영원한 보상

> "하늘을 목적으로 삼으면 땅도 덤으로 주어질 것이다.
> 하지만 땅을 목적으로 삼으면 어느 것도 얻지 못할 것이다."
> _C. S. 루이스

예수님은 우리가 이생에서 하는 일과 오는 세상에서 경험할 것들이 서로 연결되어 있다고 끊임없이 강조하셨다. 그분은 우리가 이곳에서의 일을 통해 얻는 부산물을 가지고 영원한 교제권을 확장할 수 있다고 말씀하신다. 이것은 자연스럽게 우리가 타인과 협력하며 하나님 나라를 위한 효율성을 극대화하기 위해 다양한 종류의 부를 사용하는 문제에 대한 성경의 가르침으로 이어진다.

우리는 일의 목적과 그 결과에 대해 생각해 보았고, 이제는 일에 대한 (궁극적) 보상의 문제에 대해 성경이 무엇을 말하고 있는지를 살펴볼 차례가 되었다. 가장 먼저 떠오르는 것은, 많은 사람이 이 주제를 회피한다는 사실이다. 왜냐하면 보상, 특히 하늘에서의 보상이라는 말을 하게 되면 '내가 이것을 하면 당신은 내게 저것을 주겠는가?'라는 식의 계산적인 태도로 비쳐질 수 있기 때문이다. 하지만 예수님이 제자들에게 거리낌 없이 보상에 대해 가르치셨으므로, 그분을 따르는 자라면 누구도 이 문제를 회피해 갈 자유가 없다. 오히려 우리가 이 문제를 이해해야 하는 것은, 처음부터 끝까지 예수님의 가르침에는 그것이 계산적이라는 어떠한 암시도 나타나지 않기 때문이다. 사실 우리 역시 매달 월급을 받는다고 해서 스스로를 속물로 여기지 않는다.

C. S. 루이스는 다음과 같이 말했다.

> 우리는 보상의 약속이 그리스도인의 삶을 결국 속물적인 것으로 만든다는 말에 곤란을 느낄 필요가 없다. 보상에는 여러 종류가 있다. 어떤 보상과 그것을 얻기 위해 행하는 것들 사이에 자연스러운 연결성이 없는 경우가 있고, 그것들을 하면서 느끼는 갈망과 그 보상이 서로 매우 이질적인 경우도 있다. 돈은 사랑에 대한 자연스러운 보상이 아니다. 그래서 우리는 한 여자의 돈을 보고 결혼하는 남자를 속물이라 부르는 것이다. 하지만 결혼은 진

정한 연인들에게 주어지는 적절한 보상이며, 그들이 결혼을 갈망했다고 해서 속물이라고 여기지 않는다. 학교에서 그리스어 문법을 배우기 시작한 학생은, 연인들이 결혼을 갈망하고 장군이 승리를 갈망하듯, 소포클레스를 읽는 훗날의 즐거움을 갈망하지는 못할 것이다. 그는 좋은 성적을 얻거나 벌을 면하거나 부모를 기쁘게 하기 위해, 혹은 기껏해야 당장은 상상하기 힘든 미래의 어떤 좋은 결과를 위해 공부할 뿐이다. 따라서 현재의 위치에서는 어느 정도 속물(대가만을 바라는 사람)과 유사한 점이 있다. 사실 그 학생은 자연스럽고 적절한 보상을 받게 될 텐데, 그것을 받기 전까지는 그 사실을 알지 못할 것이다.…

하늘의 보상을 기다리는 그리스도인들 역시 이 학생과 같은 위치에 있다. 하나님의 영광을 보는 가운데 영원한 생명에 이른 사람들은, 그것이 단순한 보상이 아니라 지상에서 살아낸 제자도의 완성임을 틀림없이 이해할 것이다. 하지만 아직 영원한 생명을 받지 못한 우리는 동일한 방식으로 그 사실을 알 수 없다. 그저 순종하고 그 순종에 대한 첫 보상을 확인하면서 조금씩 알아 갈 뿐이고, 그러는 가운데 궁극적 보상을 갈망하는 힘이 점점 강해

질 것이다.[41]

루이스의 통찰을 통해, 우리는 이 땅에서의 (일하는) 삶이 오는 세상에서의 삶에 미치는 영향에 대해 성경이 말하는 바를 이해할 수 있다.

하지만 그 점을 다루기 전에 우선 지금까지 배운 교훈들을 상기할 필요가 있다. 즉, 하늘에 계신 하나님의 임재 안으로 들어가는 것은 보상이 아니다. 많은 사람이 하늘에 거할 자리를 스스로 획득할 수 있다는 오도된 생각에 빠져 있다. 구원은 칭찬할 만한 공적이 아닌, 은혜에 의해 믿음을 통해 얻는 것이다. 바울은 이렇게 말한다.

> 일을 하는 사람에게는 품삯을 은혜로 주는 것으로 치지 않고 당연한 보수로 주는 것으로 생각합니다. 그러나 경건하지 못한 사람을 의롭다고 하시는 분을 믿는 사람은, 비록 아무 공로가 없어도, 그의 믿음이 의롭다고 인정을 받습니다. 그래서 행한 것이 없어도, 하나님께서 의롭다고 여겨 주시는 사람이 받을 복을 다윗도 다음과 같이 말하였습니다. "하나님께서 잘못을 용서해 주시고 죄를

---

41 C. S. Lewis, *The Weight of Glory* (New York, Macmillan, 1940), pp. 1-3. 『영광의 무게』(홍성사).

덮어 주신 사람은 복이 있다. 주님께서 죄 없다고 인정해 주실 사람은 복이 있다."

그러면 이러한 복은 할례를 받은 사람에게만 내리는 것입니까? 그렇지 않으면 할례를 받지 않은 사람에게도 내리는 것입니까? 우리는 앞에서 말하기를 "하나님께서 아브라함의 믿음을 의로 여기셨다" 하였습니다.(롬 4:4-9, 새번역)

"비록 아무 공로가 없어도…"(일을 아니할지라도 - 개역개정), 이보다 분명한 표현은 없을 것이다. 또한 사람들이 흔히 생각하듯 구원을 획득하게 해 주는 행위를 위해 믿음이 필요하다는 것도 사실이 아니다. 결코 그렇지 않다. 믿음은 행위의 정반대 개념이다. 구원은 다시 태어나는 것, 즉 영생을 얻는 것을 수반하며, 이에 대해 예수님은 이렇게 말씀하신다. "내가 진실로 진실로 너희에게 이르노니, 내 말을 듣고 또 나 보내신 이를 믿는 자는 영생을 얻었고 심판에 이르지 아니하나니 사망에서 생명으로 옮겼느니라"(요 5:24).

요한복음 5장에서 예수님은 계속해서 자신이 인류에 대한 최종적 심판자로 하나님이 정하신 자라고 말씀하신다. 심판자로서 그분은 그분을 믿는 자들이 "심판에 이르지 아니한다"고 단정적으로 선언하신다. 이는 앞서 로마서 4장에서 인용한 다윗의 말이 함의하는 내용이다. 그리스도를 믿는 신자들은 최후의 심판대인 그 크고 흰 보좌 앞에서 죄에 대한 처벌을 받지 않을 것이다. 그리스도께서 그들을 위해 대신 처벌을 받으셨기 때문이다. 이것이 위대한 복음이다.

그런데 이것은 신자들이 삶 전반과 특히 일의 영역에서 행한 것들에 대해 전혀 평가받지 않는다는 뜻이 아니다. 이것은 매우 다른 문제다. 성경은 실제로 우리가 '그리스도의 심판대'라 부르는 곳에서 평가를 받게 될 것이라고 가르친다. 바울은 다음과 같이 설명한다.

> 그러므로 우리가 항상 담대하여 몸으로 있을 때에는 주와 따로 있는 줄을 아노니 이는 우리가 믿음으로 행하고 보는 것으로 행하지 아니함이로라. 우리가 담대하여 원하는 바는 차라리 몸을 떠나 주와 함께 있는 그것이라. 그런즉 우리는 몸으로 있든지 떠나든지 주를 기쁘시게 하는 자가 되기를 힘쓰노라. 이는 우리가 다 반드시 그리스도의 심판대 앞에 나타나게 되어 각각 선악간에 그 몸으로 행한 것을 따라 받으려 함이라. 우리는 주의 두려우심을 알므로 사람들을 권면하거니와 우리가 하나님 앞

에 알리어졌으니 또 너희의 양심에도 알리어지기를 바라노라. (고후 5:6-11)

바울은 일반적인 세상 사람들이 아닌, 신자들이 죽을 때 그들에게 일어나는 일을 설명하고 있다. 바울이 세상에 있는 동안 목표로 삼는 것은 주님을 기쁘시게 하는 일이다. 그리고 그 이유는 다음과 같다. "이는 우리가 다 반드시 그리스도의 심판대 앞에 나타나게 되어 각각 선악간에 그 몸으로 행한 것을 따라 받으려 함이라"(고후 5:10).

그리스도의 심판대에서 일어나는 일은 신자들이 살면서 행한 것들을 평가하고 보상하는 것이다. 이것은 결코 일을 통한 구원이 아니다. 그리스도의 심판대에서 다루는 일은 구원이 아니라, 일에 대한 보상이다. 나아가 바울은 그곳에서 각 사람이 심판을 받는 원리를 이렇게 설명한다. "네가 어찌하여 네 형제를 비판하느냐? 어찌하여 네 형제를 업신여기느냐? 우리가 다 하나님의 심판대 앞에 서리라. 기록되었으되, 주께서 이르시되 내가 살았노니 모든 무릎이 내게 꿇을 것이요 모든 혀가 하나님께 자백하리라 하였느니라. 이러므로 우리 각 사람이 자기 일을 하나님께 직고하리라"(롬 14:10-12).

바울은 로마의 신자들에게 타인을 평가하지 않도록 주

의하라고 경고한다. 왜냐하면 언젠가 모두가 하나님 앞에 직접 나아가 자기 삶을 설명하게 될 것이기 때문이다. 이 심판은 단순히 판결을 내리고 적절한 보상을 주는 것이 아니라, 당사자가 스스로 설명하고 그에 따라 판단이 이루어지는 과정을 포함한다는 뜻이 내포된 듯하다. 우리는 이 과정에 대한 추가적인 통찰을 산상수훈의 가르침에서 얻을 수 있다.

> 비판을 받지 아니하려거든 비판하지 말라. 너희가 비판하는 그 비판으로 너희가 비판을 받을 것이요 너희가 헤아리는 그 헤아림으로 너희가 헤아림을 받을 것이니라. 어찌하여 형제의 눈 속에 있는 티는 보고 네 눈 속에 있는 들보는 깨닫지 못하느냐. 보라, 네 눈 속에 들보가 있는데 어찌하여 형제에게 말하기를 나로 네 눈 속에 있는 티를 빼게 하라 하겠느냐. 외식하는 자여, 먼저 네 눈 속에서 들보를 빼어라. 그 후에야 밝히 보고 형제의 눈 속에서 티를 빼리라. (마 7:1-5)

2절에 명시된 원칙을 토대로 다음과 같은 합리적 과정을 상상할 수 있지 않을까? 가령 지난 한 달 동안, 특히 우리와 함께 일하는 사람들에 대해 내렸던 판단들을 모두 떠올려 보자. 그리고 그것들을 분석하면서, 그런 판단을 위해 사용하곤 했던 기준들이 무엇인지 가려 내자. 마지막으로, 주님이 우리의 이런 기준들을 가지고 우리 자신의 행위와 일을 평가하신다고 상상해 보자. 그 장면을 상상해 본다면 마음이 그렇게 희망찬 기대로 가득 차지는 않을 것이다. 하지만 어쨌든 그것을 가지고 부적절하다거나 불공정하다고 불평할 수는 없다. 왜냐하면 그런 일이 명백히 일어날 것이기 때문이다.

바울과 주님이 미래의 그리스도의 심판대에 대해 말씀하시는 이유는, 사람들이 지금 이 땅에서 타인들에게 행하는 일과 자신의 행동을 잘 관리하도록 격려하기 위해서다. 다음과 같은 옛날의 격언처럼 말이다. "주님이 당신을 위해 해결해 주실 때까지 기다리는 것보다 지금 해결하는 것이 더 낫다." 우리는 삶의 모든 측면에서, 특히 가정과 일터와 교회 내에서 이를 심각하게 받아들여야 한다. 그리고 그렇게 해야 하는 추가적인 이유를, 삶에 대한 최종적 평가에 대한 바울의 통찰을 통해 확인할 수 있다.

> 내게 주신 하나님의 은혜를 따라 내가 지혜로운 건축자와 같이 터를 닦아 두매 다른 이가 그 위에 세우나 그러나 각각 어떻게 그 위에 세울까를 조심할지니라. 이 닦아

둔 것 외에 능히 다른 터를 닦아 둘 자가 없으니 이 터는 곧 예수 그리스도라. 만일 누구든지 금이나 은이나 보석이나 나무나 풀이나 짚으로 이 터 위에 세우면 각 사람의 공적이 나타날 터인데, 그날이 공적을 밝히리니 이는 불로 나타내고 그 불이 각 사람의 공적이 어떠한 것을 시험할 것임이라. 만일 누구든지 그 위에 세운 공적이 그대로 있으면 상을 받고 누구든지 그 공적이 불타면 해를 받으리니, 그러나 자신은 구원을 받되 불 가운데서 받은 것 같으리라. (고전 3:10-15)

여기서 바울은 신자로서의 우리 삶을 지어져 가고 있는 건물에 비유하고, 그 기초와 상부구조를 신중하게 구분한다. 신자의 삶에서 기초가 되는 것은 그리스도이고, 그분이 유일한 기초다. 하지만 그 위에 지어지는 것은 사람마다 질적으로 달라지며, 그 질이 중요한 문제가 된다. 왜냐하면 언젠가는 그것이 불로 시험을 받게 되기 때문이다. 물론 그것이 지옥불 같은 것은 아니다. 요한계시록 1장에서 심판자로 묘사되는 예수님은 '불꽃 같은 **눈**'을 갖고 계신다. 그분이 심판하신다는 말은 그 눈으로 엄밀하게 살펴보신다는 뜻이다. 하지만 바울은 우리를 겁먹게 하려고 심판에 대해 이야기하는 것이 아니다. 우리가 기억할 것은, 모든 것을 보는 눈을 가진 그 심판자가 "우리를 사랑하사 그의 피로 우리 죄에서 우리를 해방하신" 그분이라는 사실이다. 바울이 이것을 우리에게 알려 주는 것은, 미래에 일어날 일을 알게 됨으로써 그것이 현재의 삶에 영향을 끼치도록 하기 위해서다. C. S. 루이스는 그것을 다음과 같이 아름다운 문장으로 표현했다. "당신의 행동에 대한 보상으로서 천국에 들어가기를 소망하는 것이 아니라, 처음 본 천국의 어렴풋한 빛이 이미 당신 안에 들어왔기에 자연스럽게 어떤 방식으로 행동하고 싶어지는 것이다."[42]

만약 우리가 그리스도인으로서 살아가는 삶 속에 용납 불가능한 형편없는 내용물을 쌓아 간다면, 언젠가는 모두 불에 타 그것들을 잃어버리고 말 것임을 우리는 깨달아야 한다. 하지만 바울은 여기서의 상실이 구원의 상실은 아니라고 분명하게 이야기한다. 더 나아가 그는 사람들이 구원을 받되, 불 가운데서 그렇게 되리라고 말한다. 그는 여전히 구원 자체는 행위에 의존하지 않으며, 따라서 결코 상실될 수 없다고 강하게 주장한다. 여기서 우리는 다음과 같은 원칙을 끌어낼 수 있다.

---

42 *Mere Christianity* (London, Harper Collins) Book III, Chapter 12. 『순전한 기독교』(홍성사).

> 원칙: 신자들은 죽음 이후 언젠가 주님으로부터 평가를 받을 것이다. 이 평가는 구원의 여부가 아니라, 살면서 행한 일들의 질을 평가하고 긍정적이든 부정적이든 그에 따른 보상을 결정하기 위한 것이다.

이 원칙을 잘 숙지한다면 삶의 모든 부분에서, 특히 일터에서 큰 변화가 일어날 것이다. 사무실이나 작업장, 병원, 중역 회의실 등에서 무수히 이루어지는 험담, 중상모략, 인신공격, 상품이나 계좌의 허위 작성, 자격 사항 부풀리기, 부정확한 보고 등을 생각해 보라. 만약 우리가 누군가를 평가하기 전에 잠시 멈추어서, 그 평가에 사용한 기준으로 언젠가 우리 자신이 평가받게 된다는 생각을 해 본다면 우리 행동은 얼마나 달라지겠는가.

주님을 따르는 자에게 주어지는 보상

온전한 이해를 위해, 언젠가 베드로가 예수님께 이 주제에 대해 질문했을 때 예수님이 제자들을 향해 가르치셨던 내용을 살펴보자. 그때 베드로의 질문은 다음과 같았다. "우리가 모든 것을 버리고 주를 따랐사온대 그런즉 우리가 무엇을 얻으리이까?" 이에 예수님은 다음과 같이 대답하셨다.

> 내가 진실로 너희에게 이르노니, 세상이 새롭게 되어 인자가 자기 영광의 보좌에 앉을 때에 나를 따르는 너희도 열두 보좌에 앉아 이스라엘 열두 지파를 심판하리라. 또 내 이름을 위하여 집이나 형제나 자매나 부모나 자식이나 전토를 버린 자마다 여러 배를 받고 또 영생을 상속하리라. 그러나 먼저 된 자로서 나중 되고 나중 된 자로서 먼저 될 자가 많으니라. (마 19:27-30)

예수님은 이런 질문을 한 베드로를 꾸짖거나 속물이라고 비난하기보다, 분명한 답을 주셨다. 인자가 영광의 보좌에 앉으실 날이 올 것이다. 그리고 마태복음의 좀 더 뒷부분에서 이 일이 '부활 시에' 이루어질 것이라고 말씀하신다. 그때 사도들은 특별한 역할을 부여받고, 열두 보좌에 앉아 이스라엘 열두 지파를 심판할 것이다. 다른 사람들도 그리스도를 위해 버린 것들을 백 배(일만 퍼센트!)로 보상받을 것이다. 하늘의 은행에서 제공되는 이자율은 이 땅의 은행이 제공하는 최고의 이자율과 비교할 때 차원이 다르다. 보상에 포함되는 내용을 잘 살펴보라. 여기에는 집과 땅 같은 물질적 소유뿐 아니라 사람도 포함되어 있다. 어쩌면 이것은 불의한 청지기 비유에서 다루었던, 친구를 사귀는 것에 대한 암시가 아닐까?

예수님은 여기서 다소 수수께끼 같은 말씀을 하신다. "그러나 먼저 된 자로서 나중 되고 나중 된 자로서 먼저 될 자가 많으니라." 아마도 이 말씀은 앞의 내용을 부정하기 위해서가 아니라, 그 내용을 포함하면서도 더 포괄적으로 작동하는 원칙으로서 제시된 것 같다. 예수님이 이를 설명하기 위해 비유 하나를 따로 할애할 정도로 이 원칙은 중요하다. 포도원 품꾼 비유를 살펴보자.

> 천국은 마치 품꾼을 얻어 포도원에 들여보내려고 이른 아침에 나간 집 주인과 같으니, 그가 하루 한 데나리온씩 품꾼들과 약속하여 포도원에 들여보내고 또 제삼시에 나가 보니 장터에 놀고 서 있는 사람들이 또 있는지라. 그들에게 이르되, 너희도 포도원에 들어가라 내가 너희에게 상당하게 주리라 하니, 그들이 가고 제육시와 제구시에 또 나가 그와 같이 하고 제십일시에도 나가 보니 서 있는 사람들이 또 있는지라. 이르되, 너희는 어찌하여 종일토록 놀고 여기 서 있느냐. 이르되, 우리를 품꾼으로 쓰는 이가 없음이니이다. 이르되, 너희도 포도원에 들어가라 하니라. 저물매 포도원 주인이 청지기에게 이르되, 품꾼들을 불러 나중 온 자로부터 시작하여 먼저 온 자까지 삯을 주라 하니 제십일시에 온 자들이 와서 한 데나

리온씩을 받거늘 먼저 온 자들이 와서 더 받을 줄 알았더니 그들도 한 데나리온씩 받은지라. 받은 후 집 주인을 원망하여 이르되, 나중 온 이 사람들은 한 시간밖에 일하지 아니하였거늘 그들을 종일 수고하며 더위를 견딘 우리와 같게 하였나이다. 주인이 그중의 한 사람에게 대답하여 이르되, 친구여 내가 네게 잘못한 것이 없노라 네가 나와 한 데나리온의 약속을 하지 아니하였느냐. 네 것이나 가지고 가라. 나중 온 이 사람에게 너와 같이 주는 것이 내 뜻이니라. 내 것을 가지고 내 뜻대로 할 것이 아니냐 내가 선하므로 네가 악하게 보느냐. 이와 같이 나중 된 자로서 먼저 되고 먼저 된 자로서 나중 되리라. (마 20:1-16)

당시의 문화를 고려할 때 다소 특이하게도, 포도원 주인은 고용할 품꾼을 찾기 위해 직접 장터에 간다. 그리고 더 특이한 것은 하루에 다섯 번씩이나 나누어 발품을 들였다는 것이다. 그는 첫 번째 그룹의 사람들과는 품삯의 액수를 미리 약정하지만, 다른 네 그룹과는 어떻게든 정당한 수준으로 주겠다고 약속한다. 하루가 끝나고 청지기는 주인의 명령을 받아 나중에 온 사람에서 먼저 온 사람 순으로 품꾼들을 줄 세운다. 그리고 모두에게 똑같이 당시의 공식적인 하루 품삯이었던 한 데나리온을 지급한다.

그러자 하루종일 일했던 사람들이 불평을 쏟아낸다. 늦게 온 사람들보다 몇 시간을 더 일한 자신들이 왜 한 데나리온만 받아야 하느냐는 것이었다. 주인은 이렇게 대답한다. "친구여, 내가 네게 잘못한 것이 없노라. 네가 나와 한 데나리온의 약속을 하지 아니하였느냐? 네 것이나 가지고 가라. 나중 온 이 사람에게 너와 같이 주는 것이 내 뜻이니라. 내 것을 가지고 내 뜻대로 할 것이 아니냐? 내가 선하므로 네가 악하게 보느냐?"

그들은 사실 불평할 권리가 없었다. 왜냐하면 그전에 이미 한 데나리온을 받기로 동의했기 때문이다. 한편 다른 사람들은 주인이 정당한 품삯을 지불해 줄 것이라 믿었다. 그리고 주인은 얼마든지 관대함을 베풀 권리가 있었다. 돈은 그의 것이었고, 그는 그 돈을 가지고 자유롭게 원하는 바대로 할 수 있었다.

여기서 중요한 원칙을 도출할 수 있다. 베드로가 그들이 받을 보상에 대해 주님께 여쭈었던 것과 같은 질문을 던질 때는 한 가지 위험이 따른다. 그것은 바로, 이득에만 혈안이 되어 주님과 협상을 시도하게 될 위험이다. 이 비유가 전달하는 가르침은 주님과의 협상이 현명하지 못하다는 것이다. 왜냐하면 우리가 결국 먼저 되기보다 나중 될 수 있기 때문이다. 또한 우리는 불평할 아무런 이유가 없다. 하나님은 우리 생각보다 훨씬 관대한 분이시고, 그렇기에 우리는 보상의 문제를 안전하게 그분께 맡겨 드릴 수 있다.

대부분 사람은 자신이 한 일에 대한 보상 개념에 익숙하다. 하지만 우리에게 익숙하지 않은 보상의 또 다른 측면이 있는데, 바로 삶을 통해 개발된 성품에 대한 보상이다. 여기서의 원칙은 사도 베드로의 가르침에서 찾을 수 있다.

> **원칙: 우리가 장차 들어가게 될 미래의 하나님 나라에서 누리게 될 삶의 질은 이생에서 개발된 성품과 밀접하게 연결되어 있다.**

관련 본문은 다음과 같다. "그러므로 형제들아, 더욱 힘써 너희 부르심과 택하심을 굳게 하라. 너희가 이것을 행한즉 언제든지 실족하지 아니하리라. 이같이 하면 우리 주 곧 구주 예수 그리스도의 영원한 나라에 들어감을 넉넉히 너희에게 주시리라"(벧후 1:10-11).[43]

베드로는 앞선 본문에서 이렇게 쓴다. "우리 하나님과

---

43 전후 문맥 속에서 이 본문을 읽고 싶다면, 벧후 1:3-11을 읽으라.

구주 예수 그리스도의 의를 힘입어 동일하게 보배로운 믿음을 우리와 함께 받은 자들에게"(벧후 1:1). 이 말은, 구원이 행위가 아닌 믿음에 의한 것이기에 편지의 수신인들이 사도들과 동일한 믿음을 소유한 신자라는 뜻이다. 사도의 말에 따르면, 그들은 모두 예수 그리스도라는 유일하고 진실한 기초 위에 서 있고 그 기초 위에 건물을 세워야 한다. 그리고 하나님은 우리가 하나님을 더 깊이 알아감으로써 그리스도인의 성품을 개발해 나갈 수 있도록 하는 자원을 허락해 주실 것이다. 그 성품에는 믿음, 소망, 사랑뿐 아니라 지식, 자제(self-control), 인내, 경건, 형제 우애와 같은 덕목들, 그리고 신중함, 정의, 용기, 절제(temperance)라는 네 가지 기본 덕목들, 그리고 용기와 충성 같은 고전적 덕목들도 포함된다.

그렇다면 우리가 모두 이런 일에 힘써야 하는 이유는 무엇인가? 우선, 주님과 협력하여 이런 성품들을 키워 나갈 때 우리는 더욱 효과적으로 일하고 좋은 열매를 맺을 수 있기 때문이다. 이런 자질이 부족한 사람은 구원이란 결국 죄를 다루는 문제임을 망각하고, 근시안적이며 일관성 없는 삶을 살게 된다.

따라서 모든 신자는 자신이 '**부름받고 선택받은 자**'임을 **확증**하도록 요구받는다. 이는 그들의 부르심이 불명확해서 확신이 필요하다는 뜻은 아니다. 물론 이것이 문제가 되는 사람들도 있기는 하지만 말이다. 이것의 의미는 신자들이 삶의 도덕적·영적 자질을 향상함으로써 그들이 정말로 구원받았음을 확증해야 한다는 뜻이다. 사도 야고보의 말처럼, 그들은 선한 성품과 선한 일을 통해 그리스도에 대한 자신의 믿음이 진정한 것임을 나타내 보여야 한다.

여기서 핵심적인 원칙을 도출할 수 있다. '우리가 주님과 협력하여 그리스도인의 성품을 개발하는지 여부가 영원한 차이를 가져온다.' 베드로의 논의에서 핵심이 되는 구절은 이것이다. "이같이 하면 우리 주 곧 구주 예수 그리스도의 영원한 나라에 들어감을 넉넉히 너희에게 주시리라"(11절).

헬라어 원문의 어순을 보면 '넉넉히'라는 단어가 가장 먼저 나오는데, 이는 이 단어가 문장의 핵심어임을 나타낸다. 이는 그 나라에 들어가는 일이 그리스도인의 성장에 달린 일이어서 1절의 내용과 배치된다는 뜻이 아니다. 그 나라에 들어가는 일은 예수 그리스도 안에서 하나님의 은혜에 응답하고 니고데모처럼 다시 태어남으로써 가능하다. 또한 여기서 베드로는 우리가 행한 일에 대한 하늘의 보상이 아니라, 잘 개발된 성품으로 인해 영원한 나라 안으로 넉넉히 들어가게 되는 것에 관해 이야기하고 있다.

따라서 베드로가 논의하는 내용은, 그 나라에 들어가는 것과 들어가지 못하는 것의 차이가 아니다. 그는 전혀 다른 내용, 즉 그 나라 안으로 들어가는 것의 **넉넉함** 혹은 **질**을 다루고 있다. 그는 이 문제가 신자로서 이런 성품이 성숙하는지 아닌지에 달려 있다고 말한다. 이렇듯 언뜻 보기에 당황스러울 수 있는 주장을 통해 그는 무슨 말을 하고자 하는가?

우선 이것은 어떤 신자들은 예수님이 계시는 하늘의 중앙부로 나아가고 다른 사람들은 주변부에 머물러야 한다는 뜻이 아니다(말이 되는 것처럼 들릴지라도). 주님의 직접적 임재 안에 머무르는 것은 모든 신자에게 주어진 타고난 권리다.

베드로의 말을 해석하는 열쇠는, 하나님을 아는 지식과 주 예수 그리스도를 아는 지식이라는 표현을 통해 지식을 두 번 강조하는 데서 찾을 수 있다. 다음의 사례를 가지고 한번 생각해 보자. 제임스라는 아이가 네 번째 생일을 맞았다. 아이는 소파에 앉아, 아빠의 몸에 두른 풍선들을 치면서 환상적인 시간을 보내고 있다. 제임스가 보기에는 생일을 온갖 기쁨으로 채워주는 자기 아빠가 세상에서 가장 좋은 아빠다. 아빠가 모든 필요를 채워주기에, 아이에게는 부족한 것이 전혀 없다. 시간이 흐르고 이제 제임스는 대학에서 항공우주공학을 연구하고 있으며, 얼마 동안은 물리학자인 아빠에게 배우기도 했다. 다시 제임스의 생일이 돌아오고, 둘은 함께 소파에 앉는다. 하지만 아빠의 몸에 두른 풍선을 치는 일은 없다. 대신 두 사람은 공학물리학 분야의 최신 개념에 대한 활발한 대화에 푹 빠져 있다. 오랫동안 아빠와 깊은 대화를 나누어 온 제임스는 네 살배기 아이였을 때보다 훨씬 깊이 아빠와의 관계 안으로 들어와 있다. 만약 아빠가 어떤 생각을 하고 무엇을 하는지에 대해 실제적인 관심이 전혀 없었다면, 아빠와 현재와 같은 대화를 결코 나눌 수 없었을 것이다.

그러므로 우리는 베드로의 말에 담긴 뜻이 다음과 같다고 생각해 볼 수 있다. '만약 우리가 주님이 제공해 주시는 자원들에 의지하고 그분의 능력을 통해 그분을 계속해서 더 알아 간다면, 전혀 신경을 쓰지 않을 때보다 훨씬 깊이 그분과의 교제 안으로 들어갈 수 있을 것이다.'

> 원칙: 주 예수 그리스도의 영원한 나라 안으로 넉넉히 들어가는 것은, 성품을 개발하고 그분을 알아 가는 정도에 영향을 받는다.

베드로의 말은 여기서 끝나지 않는다. 그는 계속해서 자신이 곧 이 세상을 벗어나(문자 그대로, 탈출하여) 다른 세상으로 가게 되리라고 말한다. 그는 그러한 떠남을 염두에 두고, 독자들이 자신의 삶을 투자해야 할 그 다른 세상, 즉 영원한 세상이 진정으로 존재한다는 극도로 중요한 사실을 깨닫기를 바란다. 베드로는 변화산에서 경험한 일을 통해 주 예수님의 능력과 다시 오심이 교묘하게 꾸며낸 신화가 아니라는 확신을 갖게 되었다. 그는 야고보와 요한과 함께 영광 가운데 계신 주님을 보았고, 하늘로부터 내려온 하나님의 음성을 들었다. 그들은 예수님과 동행한 모세와 엘리야를 만나면서 하나님의 비범하고 초자연적인 능력을 직접적으로 경험했다. 그들은 직접 그곳에서 경험했다는 단순한 이유 때문에, 영원한 세상이 실재로 존재함을 믿었다.

하늘은 일로부터 은퇴하는 장소인가?

우리가 한때 지녔던 왕성한 에너지를 조만간 상실할

것이라는 생각은 우리에게 매우 익숙하다. 그리고 많은 사람이 일에서 얻는 부산물 중 하나인 소득이 은퇴 이후 생활을 뒷받침해 주기를 소망한다. 바로 여기서, 하늘나라는 찬양 이외에는 활발한 활동이 이루어지지 않는 일종의 노인 주택 지구라는 생각이 등장한다. 물론 찬양은 결코 나쁜 것이 아니고 사람들은 충분한 찬양을 드리는 일을 기뻐한다. 하지만 끝없이 찬양만 이어지는 영원한 요양소라는 개념을 진지하게 반기기는 힘들다.

어쨌든 이것은 진실과는 매우 거리가 먼 이야기다. 우리는 앞부분에서 보상의 전혀 다른 개념에 대한 C. S. 루이스의 글을 살펴보았다. 사랑의 올바른 보상이 결혼인 것처럼 적절한 보상이 있는가 하면, 돈을 목적으로 하는 결혼처럼 속물적인 보상도 있다. 하늘에서 받게 될 일에 대한 적절한 보상의 문제에서, 적어도 한 가지 측면은 은퇴와 정반대 성격을 지닌다는 사실을 우리는 알 수 있다. 즉, 그곳에서 우리는 더 많이 일할 기회를 얻게 될 것이다. 누가복음 19:11-27에서 예수님은 열 므나 비유를 통해 이 점을 가르치셨다.

이 비유는 예수님이 예루살렘으로 가시는 길에, 그분이 곧 가시적인 하나님 나라를 시작하실 것이라는 사람들의 생각에 대한 응답으로 들려주신 것이다. 사람들의 생각과 달리, 예수님은 비유 속의 귀인처럼 잠시 (하늘로) 떠나가실 것이고, 왕위를 받은 후 다시 돌아오실 것이다.

이 귀인은 떠나기 전에 세 명의 종을 불러 각각 한 므나씩 맡긴다. 학자들의 말에 따르면, 여기서 한 므나는 당시 평균적인 노동자들의 대략 넉 달 치 월급에 해당한다고 한다. 귀인은 종들에게 자신이 돌아올 때까지 이 돈을 가지고 사업을 하도록 격려한다. 그런데 그가 떠나자 도시에 폭동이 일어나고, 시민들은 사절을 보내 그가 왕이 되는 것을 원치 않는다는 메시지를 알린다.

이런 적의에도 불구하고 그는 다시 돌아와, 일꾼들이 그런 적대적 상황 속에서도 자신들의 일을 어떻게 수행했는지 확인한다. 두 명의 종은 각각 천 퍼센트와 오백 퍼센트의 이익을 남겼다. 이제 왕이 된 귀인은, 그들에게 각각 열 개와 다섯 개의 도시를 다스릴 행정적 책임을 부여한다. 즉 일에 대한 보상은, 비록 다른 종류일지라도 더 많은 일을 할 기회를 얻는 것이다.

이 비유는 주님의 재림에 대해 많은 것을 가르쳐 준다. 첫째, 그분은 돌아와서 다스리실 것이고 그의 종들도 그분과 함께 다스릴 것이다. 베드로는 예수님께 이 사실을 들었다. "너희도 열두 보좌에 앉을 것이다." 바울도 이와 본질적으로 동일한 말씀을 전한다. "미쁘다 이 말이여, 우리가 주와 함께 죽었으면 또한 함께 살 것이요 참으면 또한 함께 왕 노릇 할 것이요 우리가 주를 부인하면 주도 우리를 부인하실 것이라. 우리는 미쁨이 없을지라도 주는 항상 미쁘시니 자기를 부인하실 수 없으시리라"(딤후 2:11-13).

요한 역시 이렇게 말한다. "이기는 그에게는 내가 내 보좌에 함께 앉게 하여 주기를 내가 이기고 아버지 보좌에 함께 앉은 것과 같이 하리라"(계 3:21).

그리스도의 종들이 (매우 높은 수준에서) 다스리는 일에 참여한다는 개념은 다른 여러 본문에도 등장한다.

> 너희 중에 누가 다른 이와 더불어 다툼이 있는데 구태여 불의한 자들 앞에서 고발하고 성도 앞에서 하지 아니하느냐. 성도가 세상을 판단할 것을 너희가 알지 못하느냐. 세상도 너희에게 판단을 받겠거든 지극히 작은 일 판단하기를 감당하지 못하겠느냐. 우리가 천사를 판단할 것을 너희가 알지 못하느냐. 그러하거든 하물며 세상 일이랴. (고전 6:1-3)

이 모든 것을 볼 때, 하늘이 결코 지루한 요양소가 아니라는 사실이 분명해진다. 반대로 하늘은 땅에서 개발된 기술과 경험이 훨씬 높고, 풍성하고, 무한히 만족스러운 무언가로 변화되어, 우리가 생각할 수 있는 수준을 훨씬 넘어서는 매력적인 활동들로 가득 찬 곳이다. 또한 열 므나 비유를 통해 분명히 드러나는 사실은, 그날 우리 각자에게 주어질 책임은 이생에서 우리가 얼마나 신실했느냐에 따라 달라진다는 것이다.

여기서, 자신에게 맡겨진 돈으로 사업을 시작하려는 시도조차 하지 않은 세 번째 종을 기억하자. 결국 왕은 해명을 요구한 후, 그의 돈을 빼앗아 가장 큰 이익을 남긴 종에게 준다. 우리는 이것을 어떻게 이해해야 할까? 과연 이 종이 신자를 나타낸다고 볼 수 있을까? 어쨌든 이와 유사한 달란트 비유를 들려주는 마태복음 25:24-30에서는 달란트를 사용하지 않은 종을 바깥 어두운 곳으로 내쫓아 버렸으니 말이다. 하지만 누가복음의 열 므나 비유는 이와 다르다. 왕은 므나를 투자하지 않은 사람을 바깥으로 내쫓지 않는다. 본문은 왕의 진노를 당하는 '저 원수들'과 이 사람을 분명히 구분하고 있다.

데이비드 구딩은 이에 대해 유익한 해설을 제공해 준다.

> 그렇다면 무엇 때문에 여전히 우리는 비유 속의 불성실

한 종을 참된 신자로 여기기가 힘들까? 바로, 왕에 대한 그의 전반적인 생각 때문이다. 주인이 시킨 일을 하지 않은 것에 대해 해명을 요구받은 그는, 자기 잘못을 주인의 결함 탓으로 돌린다. 주인이 늘 무엇인가를 거저 얻기를 바라고 심지도 않은 것을 취하려 한다는 것이다(눅 19:21). 그는 주인에 대한 두려움, 잘못을 저지를 것에 대한 두려움으로 마비되었다.

그렇다면 우리의 질문은 다음과 같이 요약된다. 그리스도가 자기를 위해 돌아가셨음을 믿는 참된 신자가 그분을 비난하며, 주님이 그에게 일을 부탁할 때 무언가를 거저 얻기를 바라셨다고 말할 수 있는가? 아홉 나병 환자의 예에서 보듯이, 사람은 감사를 모르기 쉽다. 그런데 신자가 그렇게까지 배은망덕할 수 있을까? 그리고 그리스도의 죽음이 자신의 모든 죄를 확실하게 용서해 주셨음을 믿는 신자가, 실수를 저지를까 봐 그분을 위해 일하기가 두려웠다고 말할 수 있을까?

아마도 이 질문은 너무 이론적이거나 너무 문학적인지도 모르겠다. 그리고 어쩌면, 주님이 맡기신 일에 성실하게 참여하지 않는 자신을 보며, 과연 우리는 행동을 통해 자신과 그분에 대한 어떤 생각을 전달하고 있는지 스스로에게 묻는 편이 더 나을지도 모르겠다.

신자든 비신자든, 불성실한 종은 돈을 빼앗겼다. 주님을 위해 일하지 않았다고 해서 구원을 빼앗기지는 않을 것이다. 하지만 보상을 받지 못할 것임은 확실하다.

하지만 좀 더 행복한 결말을 짓도록 하자. 주님이 하신 일에 감사를 드리기 위해 돌아간 그 나병 환자는 그 감사의 행위로 인해 더 높은 어떤 것을 받았다. 그는 치유되었을 뿐 아니라 구원이라는 선물까지 받게 된 것이다. 마찬가지로 이 비유의 성실한 종은 자신의 성실함이 눈덩이 효과를 일으킨다는 사실을 알게 되었다. 1므나로 10므나를 얻었고, 10므나는 다시 10개의 도시를 다스릴 권한을 주었으며, 그 모든 것에 더해 불성실한 종의 돈까지 받았다. 그가 돈을 다루는 방식을 고려할 때, 이 돈도 곧 그에게 새로운 도시를 다스릴 권한으로 바뀔 것이다. 이것이 바로 하나님 나라의 법칙이다. 즉, 이미 가진 자에게 더 많은 것이 주어질 것이다.[44]

우리가 하는 일이 일시적이기보다 영원한 의미를 가진다는 사실은 기독교 신앙의 독특한 영광스러운 측면 중 하나다. 이것은 또한 복음이 천국행 무료입장권을 제공

---

44 *According to Luke*, pp. 317-318.

하는 조잡한 메시지일 뿐 이후에 어떻게 살든 상관없다고 생각하는 사람들에게 주는 하나의 대답이기도 하다.

하나님이 우리가 하는 일에 관심을 가지신다는 사실은 우리에게 무한한 경이감과 격려의 원천이 될 수 있다. 또한 우리가 우리의 일을 주께 하듯 한다면, 그것은 오는 세상에 효과적으로 투자하는 행동이다. 우리가 한 모든 일은 육체적 죽음과 함께 사라지지 않는다. 오히려 그것들은 더 놀라운 방식으로 하나님을 경험하게 될 세상으로 나아가는 관문이다. 그 세상은 모든 사람에게 할 일이 주어지는 곳, 사도 요한이 말했듯 "그의 종들이 그를 섬기[는]"(계 22:3) 곳이다.

이 모든 것을 확실히 보장해 주는 것은, 하나님이 아들을 죽음에서 일으키셨다는 사실이다. 이 장을 마무리하면서, 함께 다음과 같은 바울의 말을 깊이 새겼으면 한다. "우리 주 예수 그리스도로 말미암아 우리에게 승리를 주시는 하나님께 감사하노니, 그러므로 내 사랑하는 형제들아, 견실하며 흔들리지 말고 항상 주의 일에 더욱 힘쓰는 자들이 되라. 이는 너희 수고가 주 안에서 헛되지 않은 줄 앎이라"(고전 15:57-58).

언젠가 어떤 사람의 사무실에서 이 본문의 마지막 문장을 큰 글씨로 인쇄해 붙여 놓은 것을 본 적이 있다. 우리도 일터, 집, 사무실, 학교, 상점, 농장, 병원, 설교단 같은 곳에 이 말씀을 붙여 놓으면 어떨까? 이 진리를 매일 상기할 수 있도록 말이다.

너희 수고가 주 안에서 헛되지 않은 줄 앎이라.

나는 때로 이런 생각을 하곤 한다. 언젠가 내가 하늘의 영광을 분명하게 보게 되는 날, '이런 상황일 줄 알았다면 여기에 좀 더 많이 투자했을 텐데'라는 아쉬움을 본능적으로 느끼게 되지 않을까 하고 말이다.

윌리엄 틴데일은 화형장에서 죽어가며 마지막으로 이 말을 남겼다. "주님, 영국 왕의 눈을 열어 주소서." 우리도 우리 자신을 위해 이렇게 기도하자. "주님, 우리의 눈을 열어 영원의 실재를 보게 하시고, 우리가 당신의 나라에 투자하기 위해 무엇을 할 수 있는지 알게 하소서."

생각해 보기 _____

1. 보상의 문제에 대해서 사람들이 거북해하는 이유가 무엇인지 논의해 보라. 그 거북함을 어떻게 다룰 수 있을까?

2. 보상은 뇌물인가? 아니면 상황에 따라 달라지는가? 당신의 답에 대한 이유를 설명해 보라.

3. 누군가가 당신이 가진 구원의 개념을 듣고 그것이 '죽은 후에나 얻는 허황한 보상'이라고 조롱한다면, 무엇이라고 답하겠는가?

4. 구원은 그 자체로 보상인가? 당신의 답에 대한 이유를 설명해 보라.

5. 그리스도의 심판대란 무엇인가? 그곳에서는 어떤 일이 일어나고, 당신에게 어떤 영향을 미칠 것인가? 그것은 중요한 일인가?

6. 예수님은 제자들에게 어떤 보상을 약속하셨는가? "먼저

된 자로서 나중 되고 나중 된 자로서 먼저 된다"는 말의 의미는 무엇인가?

7. 그리스도인의 성품을 개발하는 일은 영원의 삶에 어떤 영향을 미치는가? 우리는 무엇 때문에 이것을 진지하게 여겨야 하는가?

8. 하나님 나라에 들어가는 것과 관련된 문제는 무엇인가?

9. 누군가가 하늘나라는 노인 주택 지구 같은 곳이라고 말한다면 당신은 어떻게 응답하겠는가?

10. 그리스도의 재림에 대한 소망은 당신의 삶에 어떤 영향을 미치는가?

부록 1

복음 후원의 원칙

신약성경은 복음 전도 활동을 후원하는 방식과 관련한 많은 내용을 담고 있으며, 다소 복잡한 부분도 있지만, 매우 유익한 가르침을 제공한다.

우선, 고린도전서가 전달하는 핵심 원칙에 대한 중요한 설명을 살펴보자.

> 내가 자유인이 아니냐? 사도가 아니냐? 예수 우리 주를 보지 못하였느냐? 주 안에서 행한 나의 일이 너희가 아니냐? 다른 사람들에게는 내가 사도가 아닐지라도 너희에게는 사도이니 나의 사도 됨을 주 안에서 인친 것이 너희라.
>
> 나를 비판하는 자들에게 변명할 것이 이것이니, 우리가 먹고 마실 권리가 없겠느냐? 우리가 다른 사도들과 주의 형제들과 게바와 같이 믿음의 자매 된 아내를 데리고 다닐 권리가 없겠느냐? 어찌 나와 바나바만 일하지 아니할 권리가 없겠느냐? 누가 자기 비용으로 군 복무를 하겠느냐? 누가 포도를 심고 그 열매를 먹지 않겠느냐? 누가 양

떼를 기르고 그 양 떼의 젖을 먹지 않겠느냐?

내가 사람의 예대로 이것을 말하느냐? 율법도 이것을 말하지 아니하느냐? 모세의 율법에 곡식을 밟아 떠는 소에게 망을 씌우지 말라 기록하였으니, 하나님께서 어찌 소들을 위하여 염려하심이냐? 오로지 우리를 위하여 말씀하심이 아니냐? 과연 우리를 위하여 기록된 것이니 밭 가는 자는 소망을 가지고 갈며, 곡식 떠는 자는 함께 얻을 소망을 가지고 떠는 것이라. 우리가 너희에게 신령한 것을 뿌렸은즉 너희의 육적인 것을 거두기로 과하다 하겠느냐? 다른 이들도 너희에게 이런 권리를 가졌거든 하물며 우리일까 보냐? 그러나 우리가 이 권리를 쓰지 아니하고 범사에 참는 것은 그리스도의 복음에 아무 장애가 없게 하려 함이로다. (고전 9:1-12)

우리는 바울이 매우 독특한 위치에 있었던 사도였음을 잊어서는 안 되며, 따라서 그가 자신과 자기 사역에 대해 하는 말들을 우리 자신과 사역에 적용하는 데 신중해야 한다. 바울은 복음 전도자로서 다른 전도자들과 마찬가지로 기독교 공동체의 지원을 받을 권리가 있었고, 그는 그런 권리를 누리는 사람들의 이름을 언급하기도 한다. 하지만 그런 정당한 권리가 있음에도 불구하고 그는 복음의 유익을 위해 그렇게 하지 않는 쪽을 선택했다. 우리는 바울의 이 명확한 본문을 읽으면서, 고린도의 일부 신자들이 바울과 그의 동기에 대해 비판적이었음을 유념해야 한다. 사실상 그들은 바울의 사도직에 의문을 제기할 만큼 그를 의심하고 있었다.

바울은 복음 전도자에게 기본적으로 주어져야 할 먹고 마실 권리에 대해 말하며, 그 음식이 기독교 공동체로부터 공급받을 수 있어야 한다고 한다. 이는 누구도 부인할 수 없는 권리들이다. 그리고 복음 전도자에게는 "믿음의 자매 된 아내를 데리고 다닐 권리"도 있었다.

바울이 사용하는 '믿음의'라는 형용사는 기혼 전도자들에게 신앙을 공유하는 배우자의 존재가 매우 중요함을 강조한다. 특히 초기 그리스도인들을 대상으로 사역하는 상황에서는 더욱더 그렇다. 당시 여행은 매우 위험한 것이었고, 바울이 다른 곳에서 지적했듯이 온갖 종류의 곤경에 노출되어야 했다. 그리고 기혼자들의 경우 배우자의 지원이 대단히 중요했다.

이 본문에서 우리에게 다소 낯선 표현인 '믿음의 자매 된 아내를 데리고 다닌다'는 단순히 '결혼한다'는 의미가 아니라 사역의 현장으로 여행을 다닐 때 함께한다는 의미다. 그리고 예수님의 형제들과 베드로는 실제로 그렇게 했다. 바울은 베드로가 자신이 섬기는 교회로부터 자신뿐 아니라 아내의 생계비까지 지원해 줄 것을 기대할 권리가 있다고 단언한다. 아마도 교회와 단체들이 종종 절약을 위해 그런 권리를 무시하곤 했던 과거에는 지금보다 훨씬 많은 가정이 불필요한 압박에 시달렸을 것이다. 가족의 가치를 수호한다고 자부하는 교회나 단체가, 정작 사역을 맡긴 가정에 생각 없이 압박을 가함으로써 그런 가치를 부정하는 모습은 참 아이러니하다.

자신의 주장을 설명하기 위해 바울은 세 가지 예시를 드는데, 바로 군대, 포도원, 목축 상황에서의 예시다. 군인은 복무의 대가로 보수를 받으며 결코 거저 일하지 않는다. 마찬가지로 포도원 주인도 자신이 생산한 것을 먹을 권리가 있으며, 양을 키우는 사람도 동일한 권리를 가진다. 바울은 이러한 원칙의 중요성을 강조하기 위해 성경에서 그 근거를 제시한다. "모세의 율법에 곡식을 밟아 떠는 소에게 망을 씌우지 말라 기록하였으니, 하나님께서 어찌 소들을 위하여 염려하심이냐? 오로지 우리를 위하여 말씀하심이 아니냐? 과연 우리를 위하여 기록된 것이니 밭 가는 자는 소망을 가지고 갈며, 곡식 떠는 자는 함께 얻을 소망을 가지고 떠는 것이라"(고전 9:9-10).

이 내용을 바울은 다음과 같이 적용한다. "우리가 너희에게 신령한 것을 뿌렸은즉 너희의 육적인 것을 거두기로 과하다 하겠느냐?"(고전 9:11) 영적인 도움을 당연하게 여기거나 그런 도움을 아무런 보상 없이 받아서는 안 된다는 것은 바울에게 매우 기초적인 원칙이다. "가르침을 받는 자는 말씀을 가르치는 자와 모든 좋은 것을 함께 하라"(갈 6:6).

이 원칙은 복음 전도자나 교사들뿐 아니라 모든 신자에게 적용할 수 있다. 이 원칙과 관련된 부정적인 실제 사례 하나를 들어 보겠다. 어떤 잘나가는 변호사가 있었는데, 사회 각계각층에서 흔히 볼 수 있듯이, 그는 자기 분야의 전문적인 능력에 비해 영적인 문제에 대해서는 매우 기초적인 이해만 겨우 갖춘 사람이었다. 대학생이 된 딸이 온갖 회의와 질문을 잔뜩 안고 돌아와 아버지에게 도움을 요청했지만, 그는 대답은커녕 질문의 의미조차 이해할 수 없었다. 그래서 결국 그는 교회에서 알고 지내던 여성에게 도움을 요청했다. 이 여성은 비록 사회적 지위는 낮았지만, 청년들이 기독교 신앙에 대해 던지는 어려운 질문들을 다루는 법을 오랫동안 배워 왔고, 그것을 통해 많은 사람에게 도움을 주었다. 그녀와 함께하고 얼마 되지 않아, 딸은 자신의 문제를 해결하고 주님을 향한 신뢰를 회복했다.

시간이 지나고, 그 여성이 운영하는 작은 사업과 관련해 법적 문제가 발생했다. 그녀는 남편 사망 이후 근근이 생계를 이어 가기 위해 그 사업을 계속해 나가야 하는 상황이었다. 그래서 그 변호사에게 도움을 요청했고, 그는 문제를 손쉽게 해결해 주었다. 그리고 수임료 전액을 청구했다. 그녀는 영적 문제에 대한 지식을 무료로 나누어 주었는데, 그는 물리적인 문제에 대한 지식으로 그녀에게 보답하지 않은 것이다. 왜 그랬을까? 그의 가치관이 성경을 통해 형성되지 않았기 때문이다. 그는 바울의 다음과 같은 가르침의 함의를 이해하지 못했다. "가르침을 받는 자는 말씀을 가르치는 자와 모든 좋은 것을 함께 하라"(갈 6:6).

하지만 바울은 그러한 권리를 늘 사용하지는 않았다. 그는 계속해서 이렇게 말한다.

> 다른 이들도 너희에게 이런 권리를 가졌거든 하물며 우리일까 보냐? 그러나 우리가 이 권리를 쓰지 아니하고 범사에 참는 것은 그리스도의 복음에 아무 장애가 없게 하려 함이로다. 성전의 일을 하는 이들은 성전에서 나는 것을 먹으며 제단에서 섬기는 이들은 제단과 함께 나누는 것을 너희가 알지 못하느냐? 이와 같이 주께서도 복

음 전하는 자들이 복음으로 말미암아 살리라 명하셨느니라. 그러나 내가 이것을 하나도 쓰지 아니하였고 또 이 말을 쓰는 것은 내게 이같이 하여 달라는 것이 아니라 내가 차라리 죽을지언정 누구든지 내 자랑하는 것을 헛된 데로 돌리지 못하게 하리라. 내가 복음을 전할지라도 자랑할 것이 없음은 내가 부득불 할 일임이라. 만일 복음을 전하지 아니하면 내게 화가 있을 것이로다. 내가 내 자의로 이것을 행하면 상을 얻으려니와 내가 자의로 아니한다 할지라도 나는 사명을 받았노라. 그런즉 내 상이 무엇이냐? 내가 복음을 전할 때에 값없이 전하고 복음으로 말미암아 내게 있는 권리를 다 쓰지 아니하는 이것이로다. (고전 9:12-18)

바울이 후원받을 수 있는 권리를 때때로 포기하는 동기는 복음의 장애물을 전적으로 제거하기 위해서였다. 예를 들어 고린도 교인들에게 설명하는 내용을 보면, 그는 이 부유한 도시에서 교회의 후원에 기대지 않고 그들에게 복음을 전한다는 데 특별한 자부심을 가졌다. 다른 유대인 랍비들과 마찬가지로 바울 역시 생계를 위한 직업이 있었고 이로 인해 신뢰를 얻었다. 그가 가르치는 대상이 대부분 노동하는 사람들인 경우, 그들의 삶이 어떤 것인지 직접 아는 것은 중요했다. 그는 천막 제작하는 일을 했는데, 이는 높은 수준의 기술과 창의적인 솜씨가 필요한 일이었고 고대 사람들에게 꽤 인기가 있었다. 그는 그리스도인이 된 후에도 이 일을 놓지 않았다. 이 일은 자신뿐 아니라 함께하는 선교 팀의 재정을 지원하는 방편이었다. 한마디로, 그를 지원할 수 있는 교회가 존재하기 전에 미전도 지역의 개척 사역이 먼저 이루어진 것이다.

바울이 실제적인 기술을 가졌다는 사실과 관련해서, 안타깝게도 많은 사람들이 '텐트메이커'(tent maker)의 개념을 다음과 같이 이해한다. '나는 내가 하는 일이나 사업에 크게 관심이 없어. 그 일을 하는 이유는 기독교 사역을 하는 동안 생계를 유지하기 위해서일 뿐이야.' 이런 태도는 일의 가치를 심각하게 평가절하하는 결과를 가져온다. 바울에게 천막 만드는 일은 그의 기독교 사역의 일부였다. 그것은 고도의 기술이 필요한 일이었고, 그는 주님을 위해 그 일을 했다.

일해서 돈을 버는 것과 별개로, 사람들이 감사의 표현으로 보내는 것을 받는 경우도 있었다. 예를 들어, 자신이 세운 빌립보 교회에 보낸 편지를 보자.

내가 주 안에서 크게 기뻐함은, 너희가 나를 생각하던 것이 이제 다시 싹이 남이니 너희가 또한 이를 위하여 생각은 하였으나 기회가 없었느니라. 내가 궁핍하므로 말하는 것이 아니니라 어떠한 형편에든지 나는 자족하기를 배웠노니, 나는 비천에 처할 줄도 알고 풍부에 처할 줄도 알아, 모든 일 곧 배부름과 배고픔과 풍부와 궁핍에도 처할 줄 아는 일체의 비결을 배웠노라. 내게 능력 주시는 자 안에서 내가 모든 것을 할 수 있느니라. 그러나 너희가 내 괴로움에 함께 참여하였으니 잘하였도다. 빌립보 사람들아, 너희도 알거니와 복음의 시초에 내가 마게도냐를 떠날 때에 주고받는 내 일에 참여한 교회가 너희 외에 아무도 없었느니라. 데살로니가에 있을 때에도 너희가 한 번뿐 아니라 두 번이나 나의 쓸 것을 보내었도다. 내가 선물을 구함이 아니요 오직 너희에게 유익하도록 풍성한 열매를 구함이라. 내게는 모든 것이 있고 또 풍부한지라. 에바브로디도 편에 너희가 준 것을 받으므로 내가 풍족하니 이는 받으실 만한 향기로운 제물이요 하나님을 기쁘시게 한 것이라. 나의 하나님이 그리스도 예수 안에서 영광 가운데 그 풍성한 대로 너희 모든 쓸 것을 채우시리라. 하나님 곧 우리 아버지께 세세 무궁하도록 영광을 돌릴지어다. 아멘. (빌 4:10-20)

이는 재정적 지원과 그로 인한 위험, 특히 수혜자에게 미치는 위험에 대해 예리하게 인식하고 있는 바울이 매우 세심하게 작성한 편지다. 바울은 고린도 교회와 달리 가난한 빌립보 교회로부터 물질적 도움을 막 받은 상황이었다. 바울은 오랫동안 자신에게 관심을 갖고 있다가 이번 기회를 통해 그 마음을 표현해 준 사람들에게 깊은 감사의 마음을 전달하고 있다.

하지만 그는 이런 감사의 표현이, 자신이 궁핍하니 더 많이 보내 달라는 미묘한 암시로 읽히기를 원치 않았다. 그는 오히려 자신이 대부분 사람은 배우기 어려운 중요한 것을 배웠다는 사실을 강조한다. 즉 그는 자신이 처한 상황에 굴하지 않고 풍요든 결핍이든 어떤 상황에서도 만족하는 법을 알고 있다. 그가 이렇게 될 수 있었던 것은 자신의 힘이 아니라 하나님이 공급해 주시는 힘 덕분이었다.

이 점을 명확하게 설명한 후, 그는 복음을 전하던 초기에 유일하게 그를 지원해 주었던 빌립보 교회에 다시 감사를 표현한다. 그는 빌립보 교인들이 한 일을 자신과 그들 사이의 '주고받는' 관계, 즉 동역 관계로 여긴다. 그리고 다시 한번 자신은 선물을 구하는 것이 아니라, 그 선물을 통해 드러난 그들의 회심의 열매를 구할 뿐임을 상기시킨다. 그는 에바브로디도를 통해 선물을 받았고 그것이 그들이 바친 제물과 같다고 말한다. 그리고 하나님이 다시 그들의 필요를 채워 주시리라는 확신으로 편지를 마무리한다.

너무 명백해서 오히려 놓치기 쉬운 한 가지는, 바울이 자신과 여러 사람이 받은 지원에 대해 쓰고 있다는 점이다. 그는 사람들이 자신을 포함한 여러 그리스도인과 전체 교회의 안녕에 도움을 주었다는 사실을 세심하게 언급한다. 그리고 결코 감사를 잊지 않는다. 우리 또한 감사를 잊어서는 안 된다.

물론 나는 일부 교회나 기독교 기관의 조직 구조가 매우 복잡하다는 것을 알고 있다. 예를 들어, 소속 목사가 설교와 가르침을 위해 해외로 가야 할 때, 해당 국가의 교회가 그의 여행과 체류 비용을 낼 수 없는 경우, 본교회나 소속 기관에서 후원을 받아야 한다. 그런 경우, 목사를 초대한 교회의 그리스도인들에게 그 여행을 도운 사람들의 이름과 주소를 알려 주고 감사의 편지를 쓰도록 독려하는 것이 중요하다. 예를 들어, 철의 장막 너머 국가들로 여행을 다니던 시절에 나의 활동을 도왔던 사람들은 그곳 사람들의 감사가 담긴 편지를 읽고 전율을 느끼곤 했다.

이제 빌립보서 4장으로 다시 돌아가, 또 하나의 중요한 원칙을 살펴보자. 바울은 자족에 관해 이야기한다. 그는 인생의 오르내림을 담담히 받아들이는 법을 잘 알고 있었다. 마찬가지로 누가는 일단의 군인들이 세례 요한에게 와서 무엇을 해야 할지 묻자 그가 이렇게 답했다고 기록한다. "사람에게서 강탈하지 말며, 거짓으로 고발하지 말고, 받는 급료를 족한 줄로 알라"(눅 3:14). 이 말이 반드시 그들이 벌고 있는 정도로 만족하고 상황을 개선하려는 시도를 하지 말라는 뜻은 아니다. 사실, 강탈하지 말라는 표현은 그들이 박봉으로 살고 있음을 암시한다. 그런 사람들은 불공정한 상황을 개선하기 위해 위협이나 거짓 고소 같은 방법에 의존하려는 위험에 쉽게 빠질 수 있다. 반면 오늘날의 고용 환경을 보면 이의 제기 시스템이 마련되어 있고, 직속 관리자, 감독, 행정감찰관, 노동재판소 등 다양한 제도를 이용할 수 있다. 우리는 자신의 수입 범위 내에서 만족하며 살아가면서도, 이러한 제도를 통해 불만족을 표현할 수 있다. 물론 많은 사람이 경험을 통해 알듯이, 그다지 성공적이거나 쉽지 않은 일이지만 말이다.

선물이냐 보수냐?

이 본문에서 살펴볼 또 다른 부분은, 바울이 사람들이 보낸 것을 **선물**이라고 표현했다는 점이다. 실제로 그것은 그들이 바울을 향한 사랑과 관심을 자발적으로 진실하게 표현한 것이었다.

그 선물을 받은 시점에 바울은 빌립보 교회에서 일하고 있었던 것도, 그 교회를 위해 일하고 있었던 것도 아니었다. 그러나 누군가가 가령 한 교회나 단체의 설교자로 초빙된다면 상황은 완전히 달라진다. 교회가 이 사람에게 가르침이나 설교와 관련한 특정한 일에 헌신하도록 부탁한 것이기 때문이다. 예수님은 제자들에게 사명을 주어 내보내면서 다음과 같은 원칙을 주셨다. "그 집에 유하며 주는 것을 먹고 마시라. 일꾼이 그 삯을 받는 것이 마땅하니라"(눅 10:7).

바울은 디모데에게 에베소 교회와 관련한 가르침을 주면서 이 원칙을 적용한다.

> 잘 다스리는 장로들은 배나 존경할 자로 알되 말씀과 가르침에 수고하는 이들에게는 더욱 그리할 것이니라. 성경에 일렀으되, 곡식을 밟아 떠는 소의 입에 망을 씌우지 말라 하였고 또 일꾼이 그 삯을 받는 것은 마땅하다 하

였느니라. (딤전 5:17-18)

예수님도 바울도 일꾼이 선물을 받아야 한다고 말씀하지 않으신다. 우리는 마루를 고친 목수에게, 벽을 시공한 건축자에게, 유언장을 작성해 준 변호사에게, 이를 치료한 치과의사에게 '선물'을 주지 않는다. 이는 단어를 부적절하게 사용한 것이고, 이 단어를 교회에서의 가르침이나 설교와 관련해 사용하는 것은 심각한 몰이해를 나타낸다. 내가 이를 언급하는 이유는, 특정 교단에 국한되지 않은 일부 기독교 공동체에서 초빙된 설교자와 교사, 복음 전도자에게 지급하는 대가를 '비용에 상응하는 선물'이라고 표현하고 있기 때문이다.

하지만 정의상 선물은 일하지 않고 받는 것이다. 선물의 의도는 서비스에 대한 대가가 아니다. 당신이 누군가에게 생일 선물을 줄 때, 그것은 어떤 것에 대한 지불금이 아니라 그 사람을 소중히 여기고 사랑한다는 말을 대신하는 징표다. 즉, 중요한 것은 그것의 화폐 가치가 아니라 이면에 숨어 있는 생각이다.

보수는 어떤 사람이 한 일에 비례하고, 마땅히 그래야 한다. 반면, 선물은 어떤 것에도 비례하지 않는다. 어떤 일에 대해 보수가 아닌 선물을 주는 것이 겉으로는 영적으로 보일 수도 있지만, 사실은 정반대다. 때로 이것은 일꾼에게 노동에 대한 마땅한 보수를 지급하지 않고, 사실상 갈취하는 방식이 될 수도 있다. 나는 다양한 교단 출신의 유능한 복음 전도자들로부터, 그들에게 설교 요청을 한 교회가 집으로 돌아갈 차비에도 못 미치는 '선물'을 주었다는 이야기를 익히 들어 알고 있다. 이는 절대로 먼 과거의 일이 아니며, 이와 유사하게 차량 유지비에 전혀 미치지 못하는 '기름값'을 지급한 사례도 있다. 요즘에는 이러한 비용은 인터넷에서 쉽게 확인할 수 있다. 독립복음주의교회연합(Fellowship of Independent Evangelical Churches)의 웹사이트에는, 트레버 아처라는 사람이 자신의 친구가 겪은 황당한 일에 관해 쓴 글이 올라와 있다.

> 그는 교외에 있는 어느 교회로부터 설교를 부탁받고 200킬로미터를 달려갔다. 주차장에 주차된 차들이 교회에 대해 무언가를 말해 줄 수 있다면, 그곳은 분명 부유한 교회였다. 예배가 끝나고 주차장에 있는 그를 향해 회계 담당자가 느릿느릿 고상한 걸음걸이로 다가왔다. 그리고 친구의 성경책 속에 봉투 하나를 끼워 넣으며, 극적인 비밀을 속삭이듯 그의 귀에다 대고 이렇게 말했다. "형제님, 돌아가시는 길에 쓰세요." 친구는 돌아오는 길에 커

피 한 잔을 마시려고 차를 대고 봉투를 열어 보았다. 그 안에는 사탕 세 개가 들어 있었다![45]

중요한 것은, 초빙되어 지정된 일을 한 사람에게 주는 '선물'은 일반적으로 세무 당국에서 인정하지 않는다는 사실이다(영국이나 미국의 국세청 모두 마찬가지다). 종종 사례비(honoraria)[46]라는 이름으로 불릴지라도, 사실상 그것은 제공한 서비스에 대한 보수 혹은 수수료이기 때문에 통상적 세율에 따라 세금을 부과할 수 있는 소득이다. 따라서 교회나 단체들은 수수료 지불을 '선물'이라는 용어로 대체해서는 안 된다.

물론 자신의 교회나 단체에서 일하지 않는 해외 선교사나 타 교회 및 단체에서 일하는 주님의 종들에게 선물을 주는 것은 그리스도인의 사랑이 가진 놀라운 측면이다. 그런 선물은 바울이 느꼈던 것처럼 그들에게 놀라운

---

45 https://fiec.org.uk/resources/gifts-for-visiting-preachers-the-good-the-bad-and-the-ugly
46 엄밀히 말해, 사례비란 서비스를 제공한 개인에게 대가 지불이 필요하지 않은 상황에서 그 수고를 인정해 주기 위한 의도로 제공하는 소액의 보상이다. 일반적으로, 관습상 그 액수를 정하는 것이 부적절하다고 판단될 때 사례비를 지급하며, 따라서 주는 사람의 재량에 따라 지급 여부가 결정된다.

기쁨이 될 것이다. 하지만 우리가 특정한 일을 두고 초빙한 사람이 그 일을 하기로 약속한다면, 우리 역시 그에게 책임을 져야 하고 그가 사역 조건을 확인하도록 해 주어야 한다. 합의가 이루어지는 방식은 관련 당사자들에 따라 달라질 것이다. 그런데 초빙한 쪽에서 상대에게 기대하는 바는 매우 구체적으로 밝히면서, 그에 상응하는 보상의 측면에서 구체적이지 않다면 이는 문제가 생길 여지가 크다. 그럴 때는 대개 해당 국가의 최저임금에 훨씬 못 미치는 보수를 지급하는 경우가 많다. 그 이유를 추측하기는 그리 어렵지 않으며, 안타깝게도 이로 인해 인색하고 야박하다는 평판이 복음 자체에 부정적인 영향을 주게 된다(앞에 인용한 끔찍한 사례를 보라).

요컨대, **선물**이란 우리가 일을 요청하지 않았지만 지원해 주고 싶은 신자에게 주는 것이다. 교회나 단체가 어떤 사람을 초빙해 일을 부탁한다면 적절한 **보수**를 주어야 한다.

바울은 디모데전서 5장에서 이에 대한 신약의 구체적 사례를 보여 준다. 그는 젊은 동역자이자 믿음 안에서 아들 된 디모데에게 에베소 교회에서 다루어야 할 여러 일에 대한 지침을 준다. 디모데는 잘 다스리는 지도자들, 특히 가르치는 일에 헌신한 지도자들을 주의 깊게 대해야 한다. 잘 가르치는 사람들은 **두 배의 존경**을 받을 필요가 있는 사람들이다. 즉, 이들은 가르치는 일로 존경받을 뿐 아니라 그에 대해 보상도 받아야 함을 의미한다.

가르치는 일을 했던 장로들이 처음부터 보상을 받지는 않았던 것 같다. 보상을 받기 시작한 것은 그들의 능력과 헌신이 입증된 이후였을 것이다. 성경에는 바울이 다루고 있는 이 상황의 배경이 되는 이야기가 등장한다. 사실 신약성경에는 에베소 교회에 대한 정보가 다른 어떤 교회보다 많이 담겨 있다. 바울은 이곳에서 가르치며 두 해를 보냈고(행 19:10), 그곳을 떠난 뒤 예루살렘에 가는 여정 중에도 밀레도에서 에베소의 장로들을 만났다. 아마도 그는 원했겠지만, 에베소를 다시 방문하기는 불가능했기 때문이다. 그는 이 지도자들에게 여러 가지 이야기를 했지만, 여기서 관련된 내용은 다음과 같다.

> 지금 내가 여러분을 주와 및 그 은혜의 말씀에 부탁하노니, 그 말씀이 여러분을 능히 든든히 세우사 거룩하게 하심을 입은 모든 자 가운데 기업이 있게 하시리라. 내가 아무의 은이나 금이나 의복을 탐하지 아니하였고, 여러분이 아는 바와 같이 이 손으로 나와 내 동행들이 쓰는 것을 충당하여 범사에 여러분에게 모본을 보여 준 바와

같이, 수고하여 약한 사람들을 돕고 또 주 예수께서 친히 말씀하신 바 주는 것이 받는 것보다 복이 있다 하심을 기억하여야 할지니라. (행 20:32-35)

참으로 감동적인 고별 설교다. 그는 자신이 팀과 자신의 생계유지를 위해 손으로 일한 사람임을 상기시키면서 탐욕에 대한 비난을 피하려고 신중을 기한다. 그리고 이것이 그들에게 본이 되기 위해서였다고 말한다. 여기서 바울이 이야기하고 있는 대상은 교회 내에서 가르침과 설교와 목회의 우선적 책임을 진 **지도자들**임을 기억하라. 그는 분명 이 사람들이 보수를 받을 수 있는 직업을 갖기를 기대하고 있다.

바울의 이러한 권고는 자신의 사례에 기초한 것이다.

형제들아, 우리의 수고와 애쓴 것을 너희가 기억하리니. 너희 아무에게도 폐를 끼치지 아니하려고 밤낮으로 일하면서 너희에게 하나님의 복음을 전하였노라. 우리가 너희 믿는 자들을 향하여 어떻게 거룩하고 옳고 흠 없이 행하였는지에 대하여 너희가 증인이요 하나님도 그러하시도다. 너희도 아는 바와 같이 우리가 너희 각 사람에게 아버지가 자기 자녀에게 하듯 권면하고 위로하고 경계

하노니 이는 너희를 부르사 자기 나라와 영광에 이르게
하시는 하나님께 합당히 행하게 하려 함이라. (살전 2:9-
12)

팀 체스터(Tim Chester)는 이렇게 말한다. "추정컨대 바
울은 낮에 천막 만드는 일을 하고 밤에 복음을 가르쳤을
것이다. 아마도 이것이 더 많은 지도자가 따라야 할 모델
이 아닌가 싶다. 우리는 세속 직업으로부터 자유로워져
야 이상적인 사역자라고 여기지만, 바울은 그러지 않았
다. 그에게 중요했던 것은, 새로운 신자들에게 자립적 삶
의 본을 보여 주는 일이었다."

에베소의 지도자들에게 자기 손으로 일하라는 가르침
을 주고 몇 년이 지난 후, 그는 디모데를 통해 한 번 더
편지를 보낸다. 그런데 이번에는 **두 배의 존경**이라는 개념
을 가지고 앞의 가르침을 수정한다. 교회의 구성원들과
지도자들은 사람들이 본업과 교회 사역, 특히 가르치는
일을 병행하며 탈진하는 모습을 지켜보고 있어서는 안
된다. 교회는 가르치는 역량과 헌신의 측면에서 재정적
으로 지원받을 권리가 있는 사람들에게 보수를 지급함으
로써, 그들이 겪는 압박을 부분적으로 혹은 전적으로 덜
어줄 준비가 되어 있어야 한다.

따라서 신약성경은 우리에게 흥미로울 만큼 복잡한 상황을 제시한다고 할 수 있다. 바울은 지원받을 권리가 있었지만 그것을 늘 사용하지는 않았다. 그는 계속해서 천막을 만드는 전문직을 유지했다. 그는 성-속 이분법에 굴복하지 않았다. 그는 지도자들에게 자신을 모델로 삼아, 생계를 위한 일을 하면서 교회에서 가르치라고 권면한다. 단, 두 가지 일을 모두 하는 것이 차츰 더 큰 부담이 되고, 또한('또는'이 아닌) 그들의 가르침이 훌륭하다면, 교회는 그 부담을 덜어 주기 위해 보수를 지급해야 한다고 말한다. 그렇게 해서 지도자들은 보수를 기대하지 않고, 교회는 보상할 필요가 없다는 생각을 버리는 건강한 긴장이 형성되었다.

이 모델이 가진 강력한 힘은, 다음과 같은 단순하고 비성경적인 성-속 이분법적 사고를 물리칠 수 있다는 데 있다. '그건 목사의 일이고 그는 그 일로 보수를 받잖아. 그러니까 내 일이 아니지. 나는 회계사로 일하며 돈을 받는 사람일 뿐이야.' 그 결과 교회 구성원 중에서 은사를 받은 사람들이 공식 '안수'를 받지 않았다는 이유로 하나님이 주신 은사를 공적으로 사용하지 못하는(혹은 허락되지 않는) 일이 발생한다. 그 때문에 많은 사람이 좌절을 경험하고, 어떤 경우는 은사를 사용할 수 있는 다른 교회를 찾아 떠나는 모습을 나는 흔히 보았다.

한편 많은 교회와 단체들이 이런 문제를 인식하고, 은사를 가진 구성원들이 공적 사역을 맡도록 격려하기도 한다. 그리고 이런 종류의 활동을 위해 사람들을 훈련하는 좋은 단기 과정들도 개설되어 있다. 하지만 몇몇 지도자들에게 내가 들었던 불평은, 가능성 있다고 판단된 사람들에게 무엇을 제안하든 이런 대답이 돌아온다는 것이었다. '그건 목사가 하는 일이잖아요. 제 일은 아니지요.' 성-속 이분법은 이토록 끈질기다!

물론 이런 반응을 하게 되는 이유 중 하나는, 우리가 앞서 다루었던 널리 퍼져 있는 비성경적 개념인 '전임 기독교 사역'에 대한 생각 때문이다.

이런 교착상태를 타개하기 위해서 우리는 직업을 가지는 **동시에** 교회에서 교사, 전도자, 목사, 청소년 사역자 등으로 섬기는 것이 가능할 뿐만 아니라 바람직하다는 사실을 신자들에게 이해시킬 필요가 있다. 사실 '일반적인' 직업을 가진 사람들에게 다가가고자 하면서도 그런 일들의 의미에 대해 전혀 알지 못한다면, 우리가 하는 말이 신뢰를 받지 못할 가능성이 크다.

다시 개인적인 이야기를 해 보자면, 나는 평생 이런 삶을 살아왔다. 나는 아주 오래전에 이런 삶의 모델을, 친구이자 멘토이자 대학 시절의 스승이었던 분에게서 찾을 수 있었다. 그는 직업(우리 둘의 경우는 대학교수)을 갖는 동시에 기독교를 지적으로 변증하고 성경을 가르치고 책을 쓸 수 있다는 것을 본으로 보여 주었다. 또한 나는 그런 삶이 엄청난 시간의 투자를 요한다는 사실을 확인할 수 있었다. 나에게는 성경에 몰입하고 다양한 능력을 개발하기 위한 공간이 필요했는데, 만약 아내 샐리와 아이들이 기꺼이 허락해 주지 않았다면 결코 그런 삶을 살 수 없었을 것이다. 예를 들어, 나의 가족은 한 주 내내 헝가리 등 여러 나라에 머물며 하루 종일 수학을 연구하고 저녁에 성경을 가르치는 일을 하도록 나를 보내 주었다.

물론 나는 특히 서구에서 살아가는 현대인의 삶이 얼마나 압박이 심한지도 잘 알고 있다. 그럼에도 불구하고 나는 과거에 상당히 흔했던 실천 방식의 형태를 어느 정도 추구해 보는 것은 무척 가치 있는 시도라고 확신한다. 이것은 교회 안에 은밀하게 침투해 들어온 세속적 사고와 싸울 수 있는 좋은 방법의 하나다.

나는 직업을 가진 사람들이 자기 일이 사역이 아니라고 단정 짓거나, 그 직업과 병행하여 교회를 위한 가치 있는 사역을 할 수 없다고 생각하지 않기를 강력히 권하고 싶다. 그 사역도 직업과 마찬가지로 주님을 위해, 그리고 주님의 도움으로 감당할 수 있는 일이다. 당신은 하나님이 당신을 공장이나 상점, 혹은 다른 어떤 전문 직종으로 부르셨다는 이유로 성경 교사나 설교자, 상담가 등이 될 수 없다고 가정해서는 안 된다. 오히려 당신은 하나님이 주신 은사와 그 능력을 발전시킬 수 있는 영역을 발견하기 위해 하나님의 인도를 구해야 한다. 그것이 당신의 은사를 통해 유익을 얻을 수 있는 사람들을 돕는 길이기 때문이다.

바울과 그리스도인의 자선 활동

우리는 기독교 사역을 물질적으로 지원하는 문제에 대해 바울이 지닌 태도의 또 다른 측면을 통해 균형 잡힌 시각을 얻을 수 있다. 우리는 바울이 자신을 위해서는 결코 지원을 요청한 적이 없었고, 궁핍에 처한 다른 사람들을 위해서는 서슴없이 지원을 요청했다는 사실을 알게 되었다. 사실 그는 서신서의 두 장을 할애하여(고후 8-9장) 고린도 교회를 향해, 바울 자신이 아닌 주님의 일과 특별히 가난한 신자들을 위해 정기적인 헌금을 하도록 강력하게 호소한다. 이런 자선 헌금의 중요성은, 바울이 몇몇 지역 교회와 협력하여 도덕적 정직함을 인정받은 사람들을 모아 예루살렘의 신자들에게 후원금을 가져갈 강력한 팀을 만든 데서 드러난다. 그는 상대적으로 가난한 마케도니아 교회가 이미 그러한 목적을 위해 넘치도록 후하게 헌금을 했기 때문에, 균등의 원칙에 비추어 고린도 교회도 그 같은 헌금을 할 준비가 되어야 함을 상기시켰다. 이에 대한 이해를 더 강력하게 돕기 위해 그는 예수님이 보이신 본을 언급한다. 다음과 같이, 주 예수님의 성육신은 자발적 가난이 어떻게 역설적 풍요를 가져오는지를 보여 준다.

> 우리 주 예수 그리스도의 은혜를 너희가 알거니와 부요하신 이로서 너희를 위하여 가난하게 되심은 그의 가난함으로 말미암아 너희를 부요하게 하려 하심이라. 이 일에 관하여 나의 뜻을 알리노니 이 일은 너희에게 유익함이라. 너희가 일 년 전에 행하기를 먼저 시작할 뿐 아니라 원하기도 하였은즉 이제는 하던 일을 성취할지니 마음에 원하던 것과 같이 완성하되 있는 대로 하라. 할 마음만 있으면 있는 대로 받으실 터이요 없는 것은 받지 아니하시리라. 이는 다른 사람들은 평안하게 하고 너희는 곤고하게 하려는 것이 아니요 균등하게 하려 함이니, 이제 너희의 넉넉한 것으로 그들의 부족한 것을 보충함은 후에 그들의 넉넉한 것으로 너희의 부족한 것을 보충

하여 균등하게 하려 함이라. 기록된 것같이, 많이 거둔 자도 남지 아니하였고 적게 거둔 자도 모자라지 아니하였느니라. (고후 8:9-15)

고린도 교회의 신자 중에는 틀림없이 기민하고 부유한 사업가들이 많았을 것이고, 바울을 돈의 세계에 문외한인 몽상가로 치부하려는 유혹을 받았을 것이다. 하지만 그는 익숙한 농업 사회의 예시를 가져와 자신이 경제 활동의 이모저모에 통달해 있음을 보여줌으로써 이런 반응을 차단한다.

핵심은, 적게 심는 자는 적게 거두고 많이 심는 자는 많이 거둔다는 것이다. 사람은 마지못해서 혹은 강제로 할 것이 아니라 각자 마음에서 결정한 대로 나누어야 한다. 하나님은 즐거운 마음으로 내는 자를 사랑하시기 때문이다. 또한 하나님은 당신에게 은혜가 풍성히 넘치도록 하셔서, 항상 모든 것이 넉넉한 상태로 모든 선한 일을 넘치게 하도록 하실 수 있는 분이다. 이는 다음과 같이 기록되었기 때문이다. "그가 흩어 가난한 자들에게 주었으니 그의 의가 영원토록 있느니라"(고후 9:6-9).

여기서 바울이 제시하는 근본 원칙은, 성막을 관리하고 하나님을 섬기는 책무를 받은 레위인을 위해 이스라엘이 내야 했던 십일조와는 다르다. 바울은 우리가 내는 헌금의 양은 외부적인 압박이나 강제 없이 자유롭게 개인적으로 결정할 수 있다고 말한다.

그의 주장은 모든 농부에게 공감을 불러일으킬 것이다. 씨를 충분히 뿌리지 않는다면, 충분히 거두지 못할 것이다. 하지만 다른 그리스도인들을 구제하거나 복음을 전파하는 주님의 일을 지원하기 위해 나누는 것이 씨 뿌리는 일이라는 생각은 모든 사람에게 자연스러운 개념이 아닐 수도 있다. 농부는 거둘 것에 대한 소망을 갖고 씨를 뿌리지만, 우리의 나눔은 그런 종류의 보답을 하기 힘든 가난한 신자들을 향한 것이기 때문이다. 하지만 그들은 다른 방식으로 응답할 수 있다. 바울이 구상하는 수확은 의와 하나님께 드리는 감사라는 열매다. 이는 주는 자와 받는 자 안에서 열리는 도덕적이고 영적인 열매이며, 하나님이 이 과정에서 영광을 받으신다. 그리고 일의 부산물은 이렇게 목적을 달성한다.

바울은 어떤 농부도 잊어서는 안 될 중요한 요점을 전달한다.

> 심는 자에게 씨와 먹을 양식을 주시는 이가 너희 심을 것을 주사 풍성하게 하시고 너희 의의 열매를 더하게 하

시리니, 너희가 모든 일에 넉넉하여 너그럽게 연보를 함은 그들이 우리로 말미암아 하나님께 감사하게 하는 것이라. 이 봉사의 직무가 성도들의 부족한 것을 보충할 뿐 아니라 사람들이 하나님께 드리는 많은 감사로 말미암아 넘쳤느니라. 이 직무로 증거를 삼아 너희가 그리스도의 복음을 진실히 믿고 복종하는 것과 그들과 모든 사람을 섬기는 너희의 후한 연보로 말미암아 하나님께 영광을 돌리고 또 그들이 너희를 위하여 간구하며 하나님이 너희에게 주신 지극한 은혜로 말미암아 너희를 사모하느니라. 말할 수 없는 그의 은사로 말미암아 하나님께 감사하노라. (고후 9:10-15)

농부에게는 씨가 수입과 자본을 의미한다는 점을 바울은 잘 알고 있다. 만약 어떤 해에 수확한 씨를 모두 팔아 버리면, 다음 해에 뿌릴 씨앗이 없어지고, 그렇게 되면 자신뿐 아니라 가족과 일꾼들 모두가 궁핍한 상태로 전락하고 만다.

모든 농부에게, 더 나아가 자본과 노동력을 사용하는 모든 산업 분야에서 문제가 되는 것은 수확한 것을 어떻게 배분하느냐다. 얼마만큼 팔고, 다음 철에 뿌리기 위해 얼마만큼 남겨 두어야 하는가? 그것을 판 돈은 필요한 것들을 사고, 일꾼들에게 보수를 지급하고, 하나님의 일을 위해 드리는 데 각각 어느 정도로 배분해야 하는가? 우리는 저마다 스스로 이런 문제들을 풀어 나가야 한다. 그리고 이 책의 서두에서 말했듯이, 삶이란 곧 성경적 원칙을 적용하고 주님과 현명한 사람들의 조언을 받으며 이런 종류의 문제들을 해결해 나가는 과정이다.

하지만 고린도 교인들에게 헌금을 독려한 바울이 가장 소중하게 여겼던 것은, 그들의 관대함이 수혜자들 가운데 불러일으킬 하나님을 향한 감사와 찬양의 가능성이었다. 다른 사람들이 하나님을 찬양하고 '말로 표현할 수 없는 그분의 선물'을 감사하게 만드는 원인이 된다는 것은 얼마나 엄청난 특권인가!

생각해 보기 _____

1. 복음 사역을 후원하는 기본적인 성경적 원칙은 무엇인가? 그중에서 당신이 적용해야 할 것은 무엇인가?

2. 직업을 가지면서 동시에 성경을 가르치거나 복음을 전하는 것에 대해 어떻게 생각하는가? 위험이 따르는가? 장점은 무엇인가? 이에 대해 논의해 보라.

3. 당신이 보기에 그리스도인의 나눔 원칙 중 가장 중요한 것은 무엇인가?

4. 당신은 나누는 일에서 균형 감각을 발휘하고 있는가?

부록 2

신경과학의 통찰

우리는 1장에서 안식일과 관련된 일과 쉼의 순환이 얼마나 중요한지를 살펴보았다. 이는 창조와 구속 내러티브의 맥락에서 우리의 일을 바라보게 함으로써, 하나님의 관점을 제공해 준다. 그것은 우리가 하는 일의 상세한 부분을 조정하고 그 자체를 넘어서는 궁극적 의미를 부여하는 틀 혹은 큰 그림을 제공한다. 즉, 세계관적 의미를 부여해 주는 것이다.

하지만 현실을 보면, 우리의 동료들을 비롯한 많은 사람이 일과 삶을 규율하는 더 큰 틀을 갖고 있지 않다. 이 책의 독자들도 서구를 지배하는 무신론적 문화의 강력한 목소리를 익히 듣고 있을 것이다. 그것은 궁극적 의미 같은 것은 없다는 독단적인 외침이다. 예를 들어, 지금은 고인이 된 노벨상 수상 물리학자 스티븐 와인버그(Steven Weinberg)는 이렇게 말했다. "우주를 더욱 이해할 수 있게 될수록, 그것은 더욱 의미가 없어지는 것 같다."[47]

---

47 *The First Three Minutes* (London, Fontana, 1983), p. 149.

영국의 철학자이자 시인, 평론가였고 C. S. 루이스와 함께 잉클링즈(Inklings)라는 지성인 모임의 일원이었던 오웬 바필드(Owen Barfield)는 다음과 같은 기묘한 역설을 지적했다.

> 20세기를 살아가는 우리를 둘러싸고 있는 그 모든 위협적인 신호 중에서, 생각이 깊은 사람들에게 가장 큰 불길함을 안겨주는 것은 아마도 점점 늘어나고 있는 무의미감(meaninglessness)일 것이다. 이것이 바로, 다른 모든 위협들의 기저에 놓여 있는 중대한 위협이다. 인간이 세상을 자신에게 유익한 방식으로 조작할수록, 그 안에서 의미를 인식하는 능력은 그만큼 줄어드는 것일까?[48]

'세상을 조작하는' 것은 인간이 하는 일을 표현하는 하나의 방식이기 때문에, 바필드가 제기하는 문제는 일의 맥락에서 중요하게 다룰 필요가 있다.

세상에서 의미를 인식하지 못하는 것은 세상에 주의를 기울이는 방식과 명백히 관련되어 있다. 2장에서 다루었듯이, 세상에 주의를 기울이는 방식은 신경과학자 이언

---

48 *The Rediscovery of Meaning* (Oxford, Barfield Press, 2013), p. 11.

맥길크리스트의 『사물의 문제』라는 책이 다루는 주제다.

그는 뇌의 각 반구가 다음 표와 같이 각각 다른 방식으로 세상에 주의를 기울인다고 설명한다.

좌뇌	우뇌
조작/통제	이해/신뢰
특징에 따른 분류	형태에 따른 분류
객체로서의 사물에 대한 지식	주체로서의 사람에 대한 지식
구조(mechanism)	유기체(organism)
단순한 리듬	음악
고립된 사건	이야기
이론, 지도	경험, 지역
과학, 기술	예술, 철학, 종교

맥길크리스트는 이 개념을 문화 발전 과정에 적용하면서, 서구 사회가 우뇌를 무시하고 좌뇌를 지나치게 강조해 왔다고 주장한다. "우리는 그동안 좌뇌의 지배를 받으면서, 마치 최면에 걸린 사람처럼 그것의 기계적이고 환원적이고 조작적인 접근이 현실에 대한 온전한 그림을 제공한다고 생각해 왔다. 그러면서 우뇌의 통합적이고 총체적이며 의미를 생산하는 좀 더 지성적인 관점을 완

전히 상실하고 말았다."

맥길크리스트가 내린 흥미로운 결론은, 환원주의적 세계관이 지배하고 의미와 설명을 배척하는 태도가 역사적으로 발전되어 온 것을 뇌의 두 반구 간의 전쟁으로 설명할 수 있다는 것이다. 이 전쟁은 사실상 좌뇌의 관점에서만 전쟁이다. 왜냐하면 좌뇌는 우뇌가 아는 것을 인식하지 못하기 때문이다. 좌뇌는 자신이 모든 것을 알기에 자립할 수 있다고 생각한다. 사실은 반대로 그것이 우뇌에 더 많이 의존해 있으면서도 말이다.

우리는 2장에서, 좌뇌만 작동될 경우 무슨 일이 일어나는지에 대한 맥길크리스트의 설명을 살펴보았다. "좌뇌는 초점을 지나치게 좁히는 경향이 있어서, 큰 그림을 보는 데 실패한다. 그래서 빈약한 그림이 전체를 나타낸다고 상정하게 되면 무언가가 빠져 있다는 사실을 감지하기가 힘들다."

이것은 바필드가 인식한 역설에 설득력 있는 답을 제시할 수 있다. 인간이 세상을 자신에게 유익한 방식으로 조작할수록 그 안에서 어떤 의미도 감지하지 못하는 것은, 좌뇌의 분석에 너무나 집중해 왔기 때문이다. 그 결과 인간은 자연과학이 모든 것을 설명해 준다는 (논리적으로 모순된)⁴⁹⁾ 결과를 도출하고 말았다.

영국 및 영연방의 전 수석 랍비 조너선 색스는 맥길크리스트의 연구를 다음과 같이 훌륭하게 요약했다. "과학은 사물을 분해하여 그것이 어떻게 작동하는지를 보고, 종교는 사물을 통합하여 그것이 무엇을 의미하는지를 본다. 신경과학적 세부 사항을 깊이 다루지 않더라도, 전자는 주로 좌뇌의 활동이고 후자는 우뇌와 관련된다."

이것은 우리가 세상을 바라보는 방식이 현실 이해와 가치 체계에 전반적으로 영향을 미친다는 점을 보여 준다. 우리가 몸담고 있는 문화를 완전히 벗어날 수는 없지만, 신경과학을 통해 우리 자신과 타인들이 어떤 내면의 경향을 따르고 있는지를 이해함으로써 적절한 반응을 찾아 나갈 수 있다. 만약 우리가 좌뇌가 지배하도록 허용한다면 사람보다 사물이 더 중요하다고 생각하게 될 것이다. 그리고 우뇌가 지배하도록 한다면 사람이 사물보다 더 중요한 지위를 회복하게 될 것이다.

에를랑겐-뉘른베르크 대학교의 심리학자이자 신경과학자인 올리버 슐트하이스(Oliver Schultheiss)는 좌뇌적 사

---

49 내 책 *Can Science Explain Everything?* (London, The Good Book Company, 2019)을 보라. 『과학은 모든 것을 설명할 수 있을까?』(아바서원).

고의 몇 가지 특징을 다음과 같이 기술한다.

> 좌뇌의 정보 처리 양식에 갇혀 있는 사람들은…특징적으로 부적응적인 사고방식을 가지고 있다.…이들은 기대에 어긋나는 정보를 부정함으로써 현실을 왜곡하고, 모호함을 견디기 힘들어하고, 타인을 자기 이익과 목적을 이루는 수단 정도로 여기고, 공감 능력이 현저히 떨어지는 경향을 보인다.

이런 특징들을 이해할 필요가 있는 것은, 우리 대부분은 업무 환경 속에서 이런 사람들을 접해야 하기 때문이다. 예를 들어 전기 기술자 제프의 상사는 좌뇌의 지배를 받는 유형이었다. 그 상사는 주어진 시간에 설치되는 전기와 관련된 '사물'의 양에만 관심이 있었던 반면, 가치를 중요시하는 사람인 제프에게 그것은 전혀 중요하지 않았다. 하지만 제프는 뇌의 두 반구를 모두 사용하고 있었다. 그는 바닥 밑의 세밀한 배선 작업을 위해서는 좌뇌를 사용했고, 주님이 그를 보고 계신다는 큰 그림을 의식하며 작업의 윤리적 특질을 점검하기 위해서는 우뇌를 사용했다. 제프는 우뇌에 우선권을 주는 사람이었다.

나아가, 우리는 슐트하이스가 기술한 특징들이 우리에

게도 있음을 발견하고 그것들을 극복하기 위해 노력할 필요가 있다. 그렇게 할 때, 비로소 일터나 다른 모든 곳에서 성숙한 신자로 자라 갈 수 있을 것이다.

맥길크리스트의 『사물의 문제』는 "먼저 그의 나라와 그의 의를 구하라. 그리하면 이 모든 것을 너희에게 더하시리라"라는 예수님의 가르침과 관련해서도 많은 통찰을 던져 준다. 오직 사물에 전념하는 좌뇌는, 사물을 일하는 삶의 최고 목표로 삼으라고 말한다. 반면 예수님은 그분과 그의 나라를 의식하는 우뇌가 우리의 사고를 지배하도록 하라고 가르치신다. 좌뇌는 우뇌가 보는 것을 보지 못한다는 사실을 우리는 심각하게 여겨야 한다. 왜냐하면 우리는 사물에 몰두함으로써 하나님 나라가 희미하게 사라질 때 우리에게 무슨 일이 일어나는지를 잘 알고 있어야 하기 때문이다. 그렇다. '사물의 문제'는 심각하다.

예수님이 베드로에게 그물을 내리라고 말씀하셨을 때, 그의 좌뇌는 밤샘 작업이 실패했다는 사실을 인식했다. 반면 그의 우뇌는 예수님의 명령을 인식했다. 이에 그는 우뇌에 우선권을 주고 말씀에 순종했다.

맥길크리스트는 '인간이란 단지 뇌일 뿐'이라는 널리 퍼진 거짓된 생각을 거부한다는 사실을 유념하자. "당신은 뇌가 **아니라**, 살아 있는 인간이다."[50]

기독교적 관점에서 볼 때, 맥길크리스트의 분석을 받아들이는 데에는 난점이 있다는 점을 지적해야겠다. 좌뇌의 지배에 대한 그의 반감은, 강력한 기독교 신앙을 특징짓는 확립된 교리에 대한 의심으로 이어질 수 있다. 그가 보기에는 이 역시 좌뇌의 활동이기 때문이다. 사실 그가 신에 대해 이야기하지만, 그 신은 주 예수 그리스도의 아버지 하나님이 아니다. 맥길크리스트는 자신이 범재신론(panentheism, 모든 것이 신 안에 있고, 신이 모든 것 안에 있다)을 지지한다고 말하는데, 이 사상은 정의를 내리기도 힘들 뿐 아니라 왕성한 범신론(pantheism)과 구별하는 데도 어려움이 따른다. 내가 그의 글을 인용한 것은, 아테네에서 바울이 정확한 통찰을 보여 준 그리스 철학자와 시인들을 인용하며 "우리가 그를 힘입어 살며 기동하며 존재하느니라", "우리가 그의 소생이라"고 말했던 것과 같은 의도다. 물론 바울은 아테네인들의 신 개념이 전적으로 부적절하며, 그들이 회개하고 유일하신 참 하나님을 믿어야 한다고 분명히 단언한다. 하나님은 예수 그리스도 안

---

50 *The Matter with Things*, p. 47. 이 주제에 대해 더 많은 정보를 알고 싶다면, 뇌과학자 섀런 더럭스(Sharon Dirckx)의 *Am I just my Brain* (London, The Good Book Company, 2019)을 보라.

에서 자신을 계시하셨고, 예수님을 죽은 자 가운데서 살리심으로써 역사적 사실로서 그분을 최종 심판자로 세우셨다.

참고 도서

Tim Chester, *The Busy Christians Guide to Busyness*, Leicester, IVP, 2006.

Ken Costa, *God at Work*, Nashville, W. Publishing Group, 2016. 『일터의 하나님』(서로사랑).

Mark Greene, *The Great Divide*, London, LICC, 2013.

Os Guinness, *The Call*, Nashville, Zondervan, 1998. 『소명』(IVP).

Iain McGilchrist, *The Master and His Emissary*, Yale, University Press, 2009. 『주인과 심부름꾼』(뮤진트리).

Iain McGilchrist, *The Matter with Things*, London, Perspectiva, 2021.

Marcus Nodder, *City Lives*, Leyland UK, 10 Publishing, 2018.

John Rinehart, *Gospel Patrons*, Reclaimed Publishing, 2013.

Dorothy Sayers, *Why Work?* in *Letters to a Diminished Church*, Nashville, W. Publishing Group, 2004. 『기독교 교리를 다시 생각한다』(IVP).

The Theology of Work Project, https://www.theologyofwork.org. 일과 관련된 특정한 문제들에 참고할 만한 좋은 자료들이 많이 실려 있다.

일과 소명

초판 1쇄 발행 2025년 7월 24일

지은이 존 레녹스
펴낸이 정선숙

펴낸곳 협동조합 아바서원
등록 제 274251-0007344
주소 경기도 고양시 덕양구 향동로217 DMC플렉스데시앙 B1523호
전화 02-388-7944 **팩스** 02-389-7944
이메일 abbabooks@hanmail.net

ⓒ 협동조합 아바서원, 2025

ISBN 979-11-90376-90-7(03230)

"너희는 다시 무서워하는 종의 영을 받지 아니하고 양자의 영을 받았으므로
우리가 아빠(아바) 아버지라고 부르짖느니라"(로마서 8:15)

잘못 만들어진 책은 구입한 곳에서 교환해 드립니다.